シン！
Shin
高橋みゆき
Miyuki TAKAHASHI
MIZUNO
JPN
NISSAN
5

Love Volleyball

得意のサーブで
相手を崩す

レシーブのうまさにも
定評がある

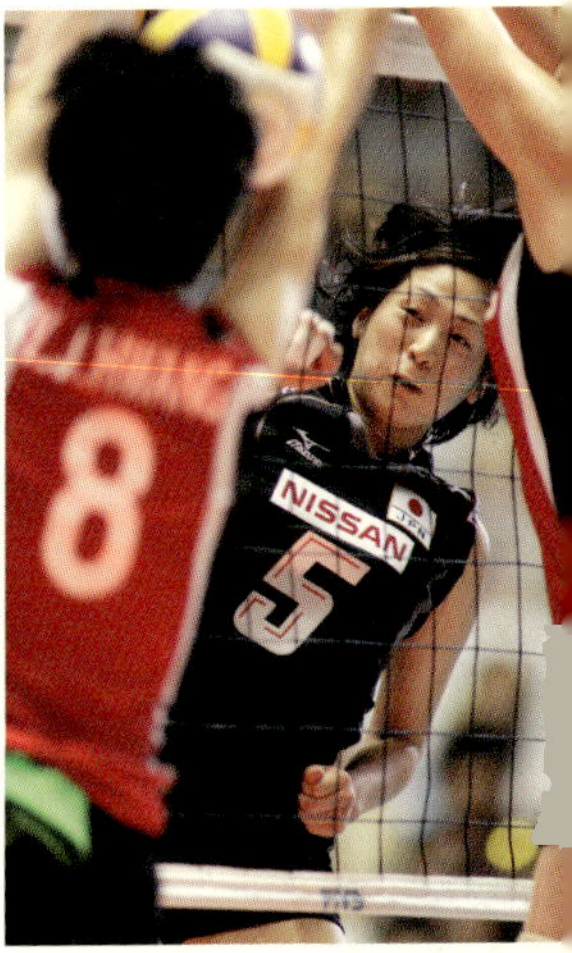

高いブロックを恐れずに
アタック！

身長はいっさい関係ない。
自分は何ができ、何をしたいのか。
そう考えていけば、
やりたいことができるようになる。

初のオリンピック
出場は2004年
アテネ（ギリシャ）

イタリアのヴィツェンツァで
中心選手として活躍

日本の元気印は試合中も
笑顔を絶やさない

とにかく笑う！
笑っていると、
周りの人も
なんとなく楽しくなる。
それが、すっごい好き。

Smile & Energy

笑顔がチームを強く
明るくする

1999-2000シーズン
Vリーグで新人賞に輝く

大好きなワンコと一緒だと
自然と笑みがこぼれる

闘志あふれる
シンのガッツポーズ

シンの明るさは
お父さん譲り

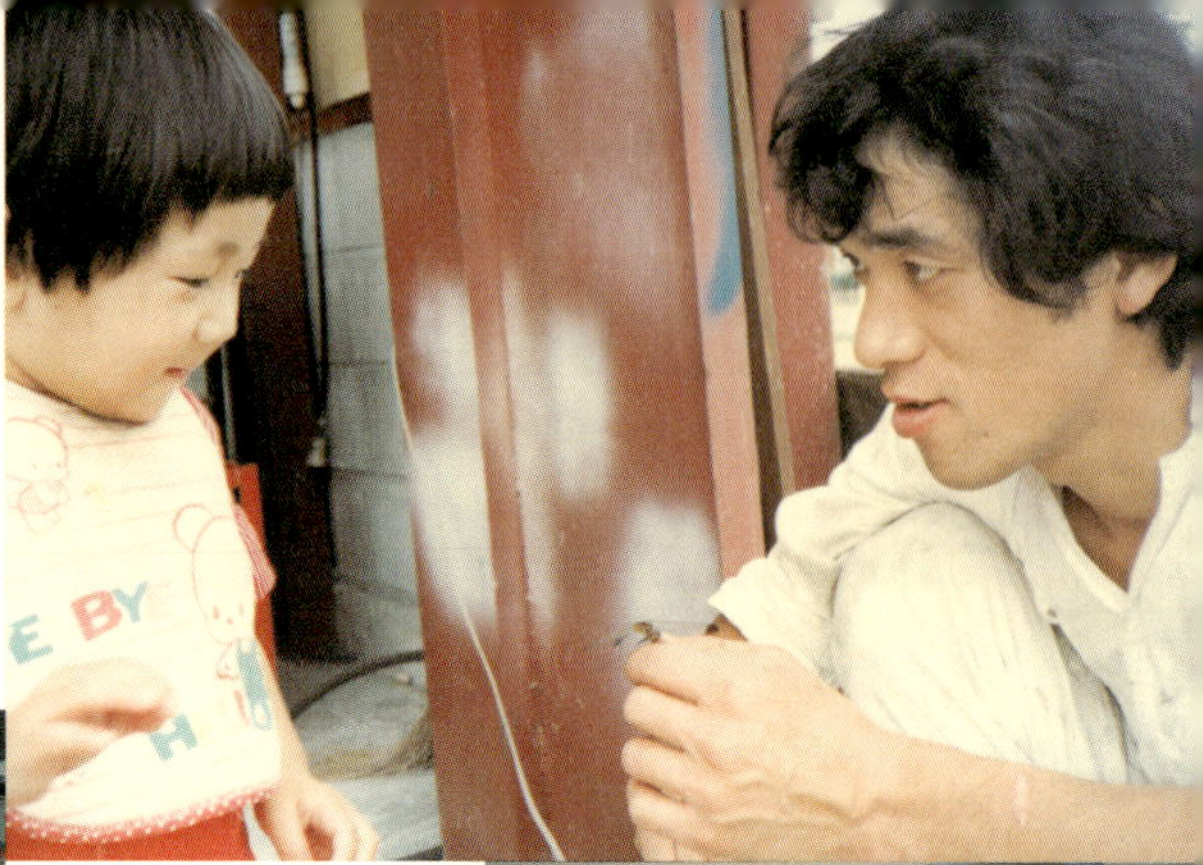

お兄ちゃんに抱かれて

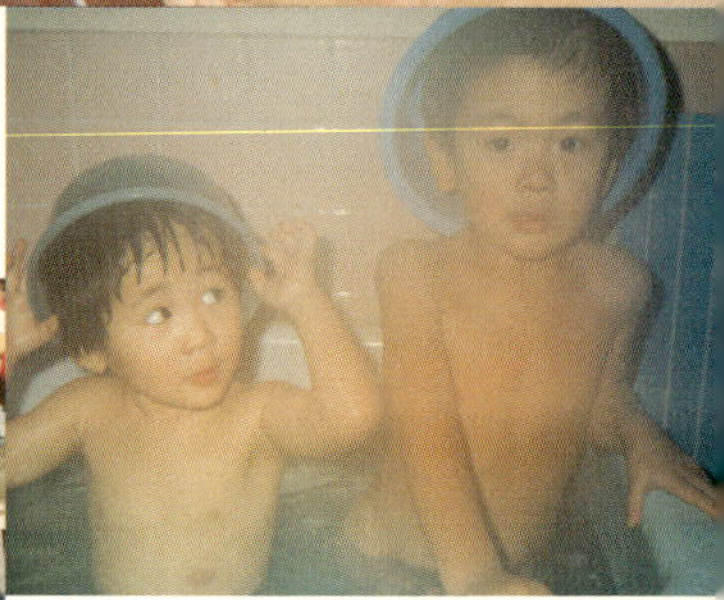

大好きなお兄ちゃんと
お風呂タイム！

負けず嫌いは小さな頃から

千葉のおばあちゃんの
昔話を聞くのが好きだった

好き嫌いはなし！
何でもおいしく食べた

山形育ちで、
スキー場へよく
遊びに行った

Girlhood

あんまり考えて行動するタイプじゃない。
毎日、毎日、楽しいことに向かって、
走ってる感じだった。

ワンコたちは
家族の一員

お母さんと兄妹と一緒に
コーヒーカップで遊ぶ

全中に出場。
大会ベスト12に選ばれた

山形商業高校で
幸せなバレーライフを送る
最前列右がシン

Dream

私のバレー人生の
すべてを北京へ

シン！

Shin

目次

第1章 バレーが大好き

第2章 勝つこと、負けること

第3章 このままでは終われない

第4章 イタリア武者修行

第5章 私はこんな人

第6章　北京オリンピックの頂点へ

構成　宮崎恵理

写真　木下健二
フォート・キシモト
リュウマキノ
坂井栄一
宮崎恵理
高橋家 提供

装丁　坂井図案室

協力　NECレッドロケッツ
財団法人日本バレーボール協会

プロローグ

心を強く

山形市立山形商業高校を卒業して、現在所属する「NECレッドロケッツ」に入団した時から、ずっとこう呼ばれている。そう、私がシン！

シンは「心技体《しんぎたい》」の「心《しん》」。NECに入団した時に、先輩たちが「心が弱いから強くなれるように」って、つけてくれた。当時NECには、ほかにも「みゆき」という名前の選手がいたし、コートの中で簡単に呼びやすいようにニックネームをつけるのが普通だった。練習の「レン」や「シュウ」とかね。

最初は「そんなー!?」って感じだった。だって、「心が弱い」って名前で言われるんだから。でも、今は「シン！」がもっとも自分に馴染んでいる。イタリア・セリエA

で2年間プレーしてた時も、ずっとチームメイトから「シン！」って呼ばれていた。コートの中で「高橋」と言われても、「誰、それ？」みたいな気分になってしまうほど。

心はどんなに強くなった、成長したと思っても、絶対に満足することなんてない。自分の心はどこか、やっぱり弱いところがある。でも、以前だったら、大事な試合中に、「うわ、やばい！　どうしよう？」って思うような場面でただ崩れてしまうことが多かったのに、最近は弱さを含めて、自分の心を冷静に見られるもうひとりの私がいる。それって、実はとても楽しい。

「あ、今、私はびびってる」とか、反対に「スッゲー強気でイケイケになってる」など、客観的に見られてる。コートの中で死ぬほどびびってるのに、もうひとりの自分が「シン、じゃあ、ここからどうするの？」と考えてる。

バレーボールは、プレーだけじゃなく、最後の最後は心なんだと思う。試合が始まったら、最初はもちろん相手チームとの戦いなんだけど、フルセットになって、しかも14対14でデュースの場面では、最後に大切なのは自分の心。少しでも弱気になったら、勝利はスルスルと自分の手の中からこぼれ落ちてしまい、絶対に勝てない。

心は難しい。簡単にはコントロールできない。だけど、逃げない。弱い自分をしっかり見つめ、受け止めて、その上で前へ進む。
それが、シン！

今年は北京オリンピックがある。私にとっては、三度目となるオリンピックへの挑戦だ。5月に行なわれる世界最終予選（東京）を突破しなくては、オリンピック出場はかなわない。それは、今までの、どのオリンピックでも同じだった。

2000年、シドニーオリンピックの時。この年、私は初めて全日本代表に選ばれた。だから、記念となるべき年だった。わからないことだらけだったけど、先輩たちにまじってガムシャラにぶつかっていった。ところが、この世界最終予選で日本はまさかの敗退を喫して、日本女子バレーボール史上、初のオリンピック予選不通過という負の歴史を刻んだ。初めて招集された全日本、初めてのオリンピック挑戦は、私にとって大きな挫折となった。

二度目の挑戦は4年前の04年。どうしてもオリンピックに行きたい。そう思って臨んだ世界最終予選では、初戦でなんとイタリアを破り、最後にはオリンピックへの切符を手に入れることができた。灼熱のギリシャ・アテネでの開会式は、足が震えるほど感動した。

そして、08年。三度目の挑戦。オリンピックに出場したいという強い気持ちに変わりはない。ただ、それだけでは出場して終わりになってしまう。それは、4年前のアテネで経験した。出たいという意識だけでは、絶対にそれ以上にはいけない。

とは言っても、目の前に世界最終予選がある。もちろん、私自身、そして全日本代表になるほかのメンバーたちだって、北京オリンピックでの戦いを想定して、すごい練習をしてる。でも、何が起こるかわからない。シドニーとアテネ、二度のオリンピックへの挑戦を経験しているからこそ、世界最終予選の怖さを身に染みて感じている。今度の最終予選は、今まで以上に厳しい戦いになるだろう。ヨーロッパは熾烈《しれつ》な争奪戦をしてるし、アジアだってそう。

そんな中、私は、この世界最終予選にすべてをかけようと、今強く思ってる。

第1章

バレーが大好き

高橋家の人々

1978年12月25日。

クリスマスの日に、私は生まれた。山形市はきっとホワイトクリスマスだったと思う。でも、父は雪が降っても喜んだりはしない。だいたい母が千葉の実家に戻って出産したから、私が生まれた瞬間のことを父はあんまり記憶がないと言っている。

「みゆき」という名前は、父がつけた。誰からも絶対に間違えられず、覚えられやすく、呼ばれやすい名前がいい。難しい漢字を当てて名前負けしちゃうのもよくないと、平仮名で「みゆき」。美しい雪と書いて「美雪《みゆき》」と読ませる案も母方の祖母から出たらしいけど、「雪」という字が冷たいイメージがあるから、却下されたようだ。でも、家族全員がとても気に入ってつけてくれた名前だと聞いている。

高橋家は、自動車整備工場を営む父・正《ただし》と、千葉からお嫁にきた母・美津子《みつこ》。それに、2歳年上の兄・正人《まさと》。私の下には、2歳年下の弟・直人《なおと》、さらに4歳年下の弟・和人《かずと》の6人家族。

父は、山形出身で中学、高校とずっとバレーボールの選手をしていた。でも、動機が不純。父の中学時代には9人制のバレーボールしかなくて、そのコートが屋外のテニスコートのすぐ隣にあったらしい。女子のテニス部のすぐ隣で練習できるから、というのが、バレーを始めたきっかけなんだって！　その頃の父は背も小さく、ポジションが固定される9人制のルールに従って、ずっと後衛のセンターを務めていた。だから、中学の3年間は、一度もスパイクを打ったことがない。山形県立工業高校に入ってから、初めて6人制のバレーボールを始めた。地獄の特訓をずいぶん受けて、バレーはしんどいと思ったこともあったようだけど、高校生になって背も伸びて、結局3年間続けてレギュラーだったという。

父が高校を卒業して実業団に入る頃は、日本は空前のバレーボールブーム。ちょうど、ミュンヘンオリンピックが開催される少し前で、日本中の人がテレビドラマの「ミュンヘンへの道」（72年放送）に夢中になっていた頃で、バレーボール選手はアイドルのような存在だった。

その後、父は千葉県にある「市川毛織《いちかわけおり》」という実業団チームに所属した。当時人気だった、大古誠司《おおこせいじ》選手の所属していた日本鋼管と対戦したこともあったが、結果は惨敗だったそうだ。ただ、父は周囲ほどオリンピックなどに熱狂していたわけではなかった。当時、選手でありながら女子チームのコーチも兼任していたので、むしろ全日本の女子のプレーはどんな感じなのか、そちらのほうに興味があったのだ。

その女子チームに、私の母が所属していた。千葉県で国体があり、父は選手として国体に出場してから、本格的に女子チームのコーチになったという。

父と母が出会って、そして結婚。父が21歳、母が20歳の時だった。結婚すると、父は山形に戻って今の自動車整備工場を始めた。そして、最初は卒業した工業高校のOBらが作った「黒百合クラブ」というバレーボールクラブに所属して、選手としてクラブカップや全国大会に出場していた。やっぱりバレーボールが大好きだったんだと思う。すごく楽しい思い出だって、今でも目を細めて話してくれる。楽しい思いをさせてもらったから、恩返しがしたい。そんな気持ちから、地元の小学校のスポーツ少年団で、バレーボールのコーチをするようになった。

お兄ちゃんは、お父さんがコーチをする山形東小学校のスポーツ少年団でバレーボールを始めた。そして、現在は地元の9人制のクラブチームでプレーをしている。すぐ下の弟の直人は、東北福祉大学を卒業した後、秋田にある町役場に就職。というのも、2007年に秋田国体が開催され、その国体選手としてプレーできるというのが、そこに就職したいちばんの理由。現在は沖縄の「中部徳洲会《ちゅうぶとくしゅうかい》」という9人制のチームでプレーしている。末っ子の和人は東海大学のバレー部でプレーした後、今はV・プレミアリーグの「豊田合成《とよだごうせい》トレフェルサ」に入団。私と同じ、Vリーグ所属選手だ。

高橋家は、なんと6人の家族全員がバレーボール選手なのだ。

男兄妹の中に、女がひとり

幼い時の記憶って、あんまりない。小学校に上がる頃、家の改築工事をしたんだけど、改築以前の家の中の様子を、ぼんやりと覚えているくらい。昔は畳の部屋があって、障子があって、その障子をしょっちゅう破るいたずらをしていたような記憶がある。いつでもお兄ちゃんと一緒に走り回ってた。家の中も外も。

自宅のほかに整備工場があって、その前の駐車場が広かったから、そこが遊び場だった。お兄ちゃんとサッカーをやったり、キャッチボールをしたり。

母も父の仕事を手伝っていたから、子どもはみんな近くの「みすず保育園」に行っていた。私が入園した時、お兄ちゃんは年長組。当然だけどクラスが違う。「お兄ちゃんと同じところに行く！」と泣いて、お兄ちゃんのいるゾウさん組だかキリンさん組に椅子を持っていき、しばらくお兄ちゃんの隣でじっと座っていた。お兄ちゃんっ子だったんだなあ。お昼寝をして夕方になると、お母さんが迎えに来る。そうすると、お兄ちゃんと3人で手をつないで帰ってた。

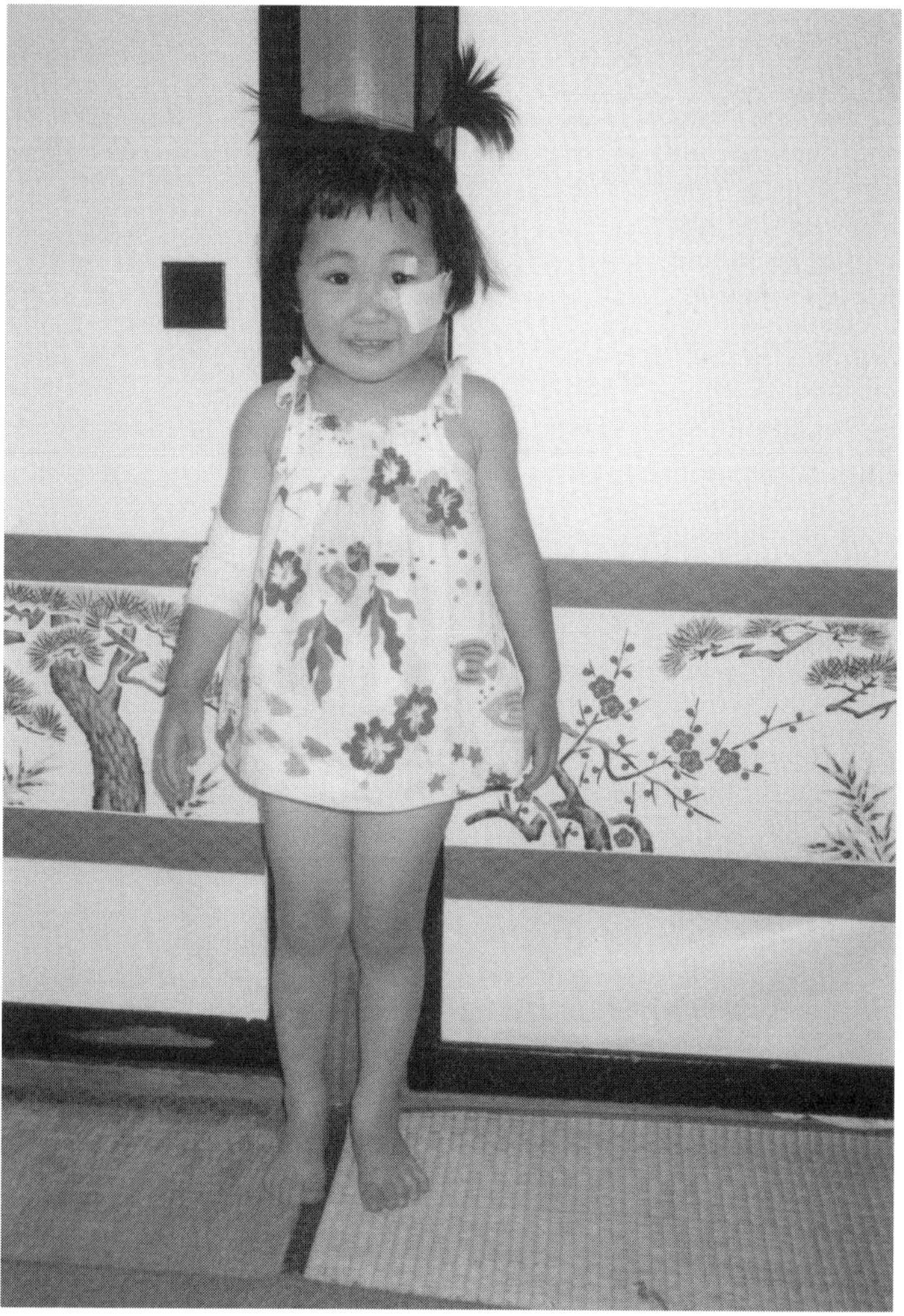

お転婆で、ケガは日常茶飯事だった

男兄妹の中に、女がひとり。だから、男の子みたいに育てられた。スカートをはいていたという記憶もあんまりない。ケガなんて、しょっちゅう。頭を切って縫ったこともあった。お兄ちゃんが7歳、私が5歳、すぐ下の直人が3歳の時の七五三では、せっかく赤い着物を着せてもらったのに、車に乗り込む時に転んで着物をビリビリに破いちゃった。だから、その時の写真は着物じゃなくて、あわてて着替えたワンピース姿で写っている。

花火で足をヤケドしたり、鉄棒に腰かけていて、そのまま後ろに倒れて頭を縫うケガをしたり。もう、ほんと男の子。

お父さんも、私が女の子だからといって手加減しなかった。子ども4人を並べて、端《はし》から張り倒されたこともあった。でも、いったい何でそんなに怒られたのか、その原因はちっとも覚えていない。けっこう厳しかったな、お父さんは。ダメなことは、絶対にダメって。理屈じゃない。白、黒、はっきりさせないと気が済まない私の性格は、小さい時に培《つちか》われたのかもしれない。

そんなお転婆《てんば》ばかりしていたけど、「日本昔話」が大好きだった。テレビでやる日には、どんなことがあっても絶対に見てた。千葉のおばあちゃん(母方の祖母)が、夜寝る時によく昔話を聞かせてくれていた。とくに好きだったのが、なぜか「舌切り雀」。アンデルセンやグリム童話じゃなくて、日本昔話。お父さんが、紙芝居を買ってきて、家の中で見せてくれたりもした。すごく、すごく楽しみだった。

もう、毎日、毎日、よく笑ってた。でも、同じだけしょっちゅう泣いてもいた。

「鉛筆が転がってもおかしいんだね」

お父さんがそう言ってた。元気だけが取り柄。食べ物の好き嫌いもないし（というか、嫌いなんて言ったら、お父さんに張り倒される！）、風邪を引いて38度くらいの熱を出しても、よく食べてすぐに治っちゃってた。

負けず嫌いなのも、小さい時から。運動会のかけっこでは、絶対に勝つ。ヨーイ、ドンのスタートの時に、隣の子の体操着を引っ張って抑えて出たりしてた。小学3年生くらいになるまで、チビだったし、もう、絶対に負けたくなかった。

弟と将棋をやっていて負けそうになると、弟がちょっとテレビを見ているスキに、ささっと駒の位置を変えちゃったりした。

「お姉ちゃん、ずるいよ！」

弟が泣きべそをかくと、

「ああ、泣いたね。泣いたら、負けだから、もう、おしまい！」

そんなこと言って、勝負を強引に引き分けにしていた。そんな私を、お父さんも、お母さんも、ただ笑って見ていた。

「まったく、この子は、ほんとに負けず嫌いだね。負けるってことがないんだ。勝つか、せめて引き分けか」

いつも相手の裏をかくというか、頭の中で負けないための計算を高速回転でしてるような感じだった。それを、お父さんはおもしろがってた。憎めないって。今、バレーをやっていても、スパイクとかで相手の裏をかいてブロックアウトをとったり、レシーバーのいないところにバシッと決めたりすると、すごく快感。根っこは同じなのかもしれない。

そう考えていくと、今の自分と全然変わらない。

いっつも笑って、負けず嫌い。あんまり考えて行動するタイプじゃない。毎日、毎日、楽しいことに向かって、走っている感じだった。

いつもバレーボールがあった

家族揃ってバレーボールをしているけど、父から「バレーボールをやれ」って言われたことはない。サッカーも流行《はや》ってたし、野球も盛んだった。スポーツなら何でも、やろうと思えばできた。むしろ、小学1年生になると、高橋家の子どもたちは全員スイミングクラブに行かされた。泳ぎを覚えれば、自分の身を守れるからって。バレーをやりながらも、スイミングは小学6年生までずっと続けた。あと、やっぱりゲレンデが近かったから、幼い時からスキーへ行ってた。小学校でも冬になればスキー教室もあったし。山形市内には、小さなローカルスキー場があって、そこには学校のスキー教室で日帰りで行っていた。高学年になると、泊まりがけで蔵王にも行った。

お父さんは、兄の正人が小学校に入学する年に、山形東小のコーチになった。当時、私はまだ保育園に通っていたけど、お父さんとお兄ちゃんと一緒に体育館に通うようになった。まだ、おチビさんだったから、バレーボールをするというより、大きなボールで遊んでいる感じ。両親からは、いちばん小さい21㎝のバレーボールシューズを履けるようになったら、一緒にバレーをやろうねって言われていた。けど、シューズがブカブカでも体育館についていっていた。夕方、保育園から帰ってくると、お父さんとお兄ちゃんと一緒に体育館に行く。お母さんが縫ってくれたズック入れにブカブカのシューズを入れて、お父さんが家から出てくるのをずっと待ってた。多分、誰よりも体育館に行くのを、楽しみにしていたと思う。

体育館に行くと、壁打ちみたいにボールを壁にぶつけては拾って、というのを飽きずにやってた。本来スポーツ少年団に入れるのは、小学3年生から。大きなお姉さんたちと一緒にボールで遊べるのが、楽しかった。

気がついたら、家の中にはいつもバレーボールがあった。その頃の自分にしてみたら、きっとずいぶん大きなボールだったと思う。いつもボールを触って遊んでいた。ワーイ、ワーイって。

スポーツ少年団

小学3年生になると、当たり前のようにスポーツ少年団に入って、正式に選手としてバレーをやるようになる。と言っても、自分の中では何も変わらない。大好きなバレーをずっとやり続けているだけ。もう、この頃には、ただのバレーバカになっていた。バレーだけがやりたい。ほかのことはどうでもいい、みたいな感じ。

練習は、火曜・木曜・金曜・日曜の週4日。水曜と土曜はスイミングの日。日曜は練習試合や公式戦になることも多い。スイミングの進級試験がたいてい日曜にあるため、なかなか試験を受けることができない。だから、上のクラスに行けずに、いつも同じクラスで同じ練習。それで飽きてしまった、というのもあったかもしれない。スイミングには、弟の直人とふたりで行くことが多かったけど、時々さぼって公園で遊んだりしてた。帰り道、公園の水飲み場で髪の毛を濡らして、あたかもスイミングに行ってきたような顔をして家に帰った。悪知恵だけは、すごく働いていた。

バレーの練習は、平日は夕方5時から7時半まで。ネットを張ったり後片づけをしたりする時間を含めて、この2時間半で全部やる。少しでもたくさんバレーをやりたいから、ネットを張るのも後片づけもちょー早かった。お父さんはいつも言ってた。

「ネット張りに3分、後片づけに3分。それ以上時間をかけるな」

もたもた準備したりすると、

「コラーッ、全部やり直しだ！」

と罵声《ばせい》がとんできて、ネットを張り替えさせられた揚げ句、一日中オーバーパスの練習だけという日があった。そんなことになったら、つまらない。だから、準備も後片づけもみんな必死。短い時間でどれだけ集中してやるか。それは、徹底してた。

公式戦の直前でも、週4日、2時間半の練習時間を増やすことはなかった。日曜の試合がない日は、お昼をはさんで午前、午後とずっと練習。でも、バレーだけじゃなくて、午後からはラグビーやバスケットボールをやったり、もう、体育館で一日中遊んでるという感じ。楽しかったなー。

コーチはお父さん

お父さんの指導って、今から考えると、とてもユニーク。いわゆるバレーの練習だけじゃなくて、いろんな体力トレーニングみたいなことを、遊びながらやる。最終的にはバレーに結びつくんだけど、バリエーションがあって飽きない。

お父さんは、実業団の頃も女子チームのコーチをしていたし、山形東小でコーチを始めた時も選手は女子ばかり。その後、高校や中学でもコーチをするんだけれど、いつも女子の指導に当たっている。

私が小学生だった頃は、小学生の女子にバレーボールを教えることがどれだけ難しいかということに直面した時期だったらしい。自分は、中学・高校・実業団と、ずっとバレーをやってきているから、テクニックも理論もよくわかってる。でも、小学生の子どもにそんなことを言っても、全然わからない。

そもそも男の子は、小さい時からキャッチボールをしたり、走り回ったりして自然とカラダの使い方を覚えていく。でも、女の子は、そういう機会が少ないこともあって、まずは「運動する」ことを楽しみながら覚えさせなければならない。

例えば、女の子に、大きな円の周りをグルグルと走らせたとする。普通であれば、遠心力が働くから、自然とカラダが円の内側へ倒れるはずなのに、頭が外側になって走る子がけっこういる。あるいは、河原《かわら》に行って、自分の握りやすい石を見つけて川に投げ込む遊びをさせても、遠くへ投げられないばかりか、もう、全然川の中じゃなくて、違う方向に投げちゃったりする。

そんな子どもたちが、どうやったらボールを上手に操《あやつ》れるようになるのか。お父さんとしては、いろんなことを試みた。バスケットボールみたいな大きなボールを使ってパスの練習をしてみたり、学校の近くの河原で小石投げをしたり。石の大きさや重さによって、投げる力が違うということが、自然とわかるようになる。あるいは、土手を斜めに全力疾走して上がったり下りたりしてカラダのバランスを鍛えたりなどなど。夏に、スキー場のある蔵王で1泊合宿をやった時には、朝早く起きて、リフトのいちばん上まで登っていった。そこから子どもは、リフトの乗り場まで走って下りる。そこで大きな声でチームメイト全員の名前を叫ぶ。お父さんに聞こえたら、〇《まる》。聞こえなかったら、もう一回、リフトの頂上まで来て、同じことを繰り返す。体力もついたけど、大きな声を出す練習も、同時にしてた。

そんなことをいっぱいやるから、全然飽きない。次は何するのって、毎日、すごく楽しみだった。後々、中学に進学すると、スパイク練習やパス練習など、ずっと同じことを繰り返すのが苦痛だった。もっとも、私はすごく飽きっぽかったから、単に繰り返しがつまらなかったんだけどね。

お父さんは、私が中学に進学してから、バレーについてはほとんど口出しをしなかった。でも、公式戦は絶対に見に来る。そうすると、家に帰ってから、いろいろと試合の感想などを聞かされることはあった。腕の振りがどうだとか、ジャンプがどうだとか、試合での私の技術的な弱点を指摘する。お父さんの話は長いから、ちょっとうっとうしいなんて思うこともあったけど、でも、やっぱり的確。何たって、小学校の頃からずっと見てるわけだから。私のクセもよくわかっているし。うっとうしいなと思って聞かないふりをしていても、自然と頭のどこかにお父さんの言葉が残ってる。それで、練習している時に、ふとお父さんの言葉が戻ってきたりする。チームとしての練習はもちろん学校でしているけど、個人的に要所要所で教えてくれる、大事な役目をお父さんがしてくれた。

泣いても泣いても、楽しかった

小学生だと9人制が多いのだけれど、私たちのチームは6人制。そして、小学生ルールに、ピンチサーバーとしてだけコートに入れるというのがあった。まだ、3年生になる前、1~2年生の頃から、大きなお姉さんと一緒にサーブの練習をさせてもらっていたから、少しはできるようになっていたのかもしれない。初めての試合は、このピンチサーバー。多分、3年生になったばかりの頃だと思う。

ピンチサーバーは、今で言うリベロみたいに、ほかの選手と区別するために、よだれかけみたいなものをユニフォームの上から着用していた。で、コートチェンジのときにそのよだれかけをしたままネットの下をくぐったら、アンテナか何かによだれかけとユニフォームをひっかけて、ビーッて破いちゃった。サーブが入ったのか、入らなかったのか、もう、忘れてしまったけど、よだれかけを破っちゃったことは鮮明に覚えてる。なんか、いつもそんなおバカな記憶ばっかり残ってる。

同じ学年だった太田《おおた》香《かおり》ちゃんと渋江《しぶえ》（現・鈴木）郁子《いくこ》ちゃんとは、このスポーツ少年団の時から「仲良し三人組」。この後、山形四中～山形商業高校まで一緒。ずっとバレーをやってた。お父さん同士も仲がよかった。

小学校では、一応、私のポジションはセンター。当時は、センターがエースだった。でも、同じポジションを続けることはなくて、全部のポジションを一通りやる。この頃は、いくちゃんがいちばんバレーが上手だった。私もいくちゃんも、小学生の頃は小さくて身長はせいぜい120～130㎝くらい。しかも、私はやせっぽち。いくちゃんは体重がドンとあって、馬力があった。そして、かおりちゃんはセッター。

お父さんは、仲良し三人組に1カ月交代でキャプテンをやらせたり、ポジションを変更させたりしていた。ひとりだけをトップに立たせるとか、同じポジションに固定することを、絶対にしなかった。でも、それがよかったって、すごく思う。いろんな経験ができたし、中学～高校に行ってもずっと仲良しでいられて、今でも休暇で山形に帰れば、絶対に会うようなつきあいが続いている。それは、小学生の時から変わってない。そういう仲間を作れたのも、このスポーツ少年団。

山形東小は、けっこう県内でも強豪校だった。同じ市内の滝山小学校のチームと、いつも山形県の優勝を争っていた。勝ったり、負けたり、まさにライバル校。毎年、東北小学生バレーボール大会にも出場していた。

宮城県へも遠征して、試合をすることもあった。試合で内容が悪いと、よくワンマン（コーチと選手が1対1になって行なうレシーブ練習）をやらされた。勝ち負けじゃなくて、試合内容が悪い時には絶対ある。

「みんな、外へ出ろ〜」

お父さんが言うと、「あぁー、ワンマンだ」ってわかる。体育館だけじゃなくて、土や砂利だろうが、コンクリートの上だろうが、どこでもやる。もう、全部のサーフェス（地面）を制覇してるね、私は。血だらけになっちゃうこともしょっちゅう。悔しくて、「ウェーン！」って泣きながらやる。でも、痛いとかいやだからというのと、ちょっと違う。できないことが悔しい。試合で内容が悪かったことが純粋に悔しいって、ワンマンをやりながら思う。だから、泣きながらも絶対にやめない。しょっちゅう外でワンマンをやってたから、ユニフォームもボロボロだった。

実は、私のジャンプサーブは、小学生の頃からやっている。お父さんが、何でもやってごらんって。できないと、悔しくて、また「ウェーン！」って泣く。でも、トライした。ワンマンもどんな練習も、泣いても泣いても、楽しかった。

千円ジャンプ！

お父さんは、家に帰ってきたら、絶対にバレーの話はしなかった。家ではお父さん、体育館ではコーチというスイッチの切り替えをしていたんだと思う。だから、試合の集合時間なんかも体育館で聞きそびれたりしたら、家に帰ってからお父さんに聞いても、絶対に教えてくれない。仕方なく、かおりちゃんやいくちゃんに電話をかけて、こっそり教えてもらったりした。

でも、実は、家の中でひとつだけ、秘密の特訓があった。

それは「千円ジャンプ」。

家の天井から、千円札《さつ》と五千円札と一万円札が違う長さの糸でぶら下がっている。ジャンプして届いたら、そのお札をくれるというルール。もう、お兄ちゃんも私も必死。でも、一万円札と五千円札は絶対に届かない高さにぶら下がっていたけど、一度だけ千円札をゲットしたことがある。

もっとも、お金で釣るという意味では、体育館でも同じような練習があった。バスケットのリングを狙ってサーブを打って、入ったら100円がもらえる。もう、みんなで燃えた。一生懸命練習すると、やっぱりだんだん狙いどころがよくなって、リングに当たったりして、入りそうになったら、いきなり

「あ、やっぱり入ったら、10円だ」

って。大人ってずるい。でも、こういう練習だから、もう、みんな本当に一生懸命やるし、おもしろがってやるからすぐに上達する。いやいややる練習なんか、意味がない。自分からおもしろがって、進んでやる練習なら、絶対に上手になる。

お父さんの野望

男の子が3人と私。お父さんは、お母さんと結婚した時から、絶対に子どもは4人って決めていたという。6人家族なら、バレーボールのチームができるからって。

高橋ファミリーチームは、私が小学6年生の時に実現した。そして、第1回全国ソフトバレーボール・ファミリーフェスティバルで優勝した。それもA、B、Cと3段階あったクラスのいちばん上のAクラスで！

ソフトバレーは4人制で、普通よりも柔らかいボールと、バドミントンのコートを使用して15点制、3セットマッチで試合が行なわれる。ファミリーの大会では両親と小学生以下の子どもふたりがコートに立てるルール。お兄ちゃんは中学に進学していたので、マネジャー兼コーチで参加、私と直人がコートに入った。和人は、まだ保育園に通っていて、ただのおチビさん。それでも一応選手。坊主頭でマルコメくんみたいだったから、もう会場中の人気者。それで、絶対に勝てる試合の時に、ピンチサーバーで和人が出ることになったら、会場は大盛り上がり。ギャラリーから「和人、和人」の大コールまで起こった。小さい和人のために、コートの前のほうまで連れていって、そこから打っていいよって。ほんと、楽しかったなあ。お父さんの野望がかなった大会だった。

ボールを追いかけて

小さい時からバレーをしてるのが、当たり前。試合で勝って笑って、負けて泣いて。そんな日常。バレーをしていない時でも、バレー仲間と一緒に河原にバーベキューに行ったり、お泊まりしたり。千葉のおばあちゃんの家に行ったほかは、全部、バレーに結びついている。だって、小さい時からバレーしかしてないんだから。

バレーボールの思い出の中には、いつもお父さんが一緒。お父さんもバレーが大好きで、大人から子どもまでみんなを笑わせていた。サービス精神が旺盛なんです。

とにかく、私自身、バレーボールが大好きだった。昨日できなかったことが、今日できた。それだけで、楽しくて仕方なかった。ほかに好きなことが思いつかないくらい。今も、その気持ちに変わりはないけど、ただ、やっぱり背負うものが違う。今の私にとってバレーは、そういう次元を超越《ちょうえつ》している。だからこそ、小学生だった頃の自分は、純粋にボールを追いかけて、本当にバレーボールが好きだったんだなって、思う。それが、私の原点。

山形第四中学、入学！

地元、山形第四中学に入学してすぐの4月。クラブを決定する前の仮入部期間に、いろいろなクラブに挑戦した。まずは、なぎなた。その頃はまだまだカラダが小さくて、長いなぎなたを持ったら、フラフラしちゃう。ほかにも、新体操とか、いろんなクラブをのぞいてた。その期間、バレー部には、すごくいっぱい新入生が集まっていて、毎日グラウンドをぐるぐる走らされていたみたい。私は、最終的に絶対にバレー部に入るって決めていた。だから、この期間は、いろんなことをやってみたいって、ほかの部活を渡り歩いていた。

山形東小のスポーツ少年団でバレーをしていたことは、先生たちもみんな知っていた。私がちっともバレー部に行かないものだから、先生たちは心配して、

「高橋、お前、どうするんだ、バレー部に行かないのか？」

って、次々に聞いてきた。だから、そのつど、答えた。

「行きますよ、最後には！」

仮入部していた新体操の先輩たちからは、熱心に入部を勧められたけど、

「私は、バレー部に行きます」

と、きっぱりとお断りした。

バレーはそのくらい、私にとって当たり前の世界。小学校で一緒にプレーしていた友だちも、みんなバレー部に行くって決めていたし、いろいろ仮入部しても、まったく迷いはなかった。

中学は公立なのに、すごく校則が厳しかった。例えば、前髪がまゆ毛にかかってはいけないとか。男子は全員坊主。生徒手帳にチェック項目があって、毎日、ハンカチとティッシュの忘れ物がないか、チェックする。髪留めのゴムの色まできっちり決まっていた。もちろん、靴下や靴の色も指定色以外はダメ。当然、男女交際なんか、もってのほか。廊下でうかつにしゃべるのも、いけないって言われていた。中学って、こんなところなんだって、小学校を楽しくのほほんと過ごしてきたから、けっこうびっくりした記憶がある。

集団シカト

小学校時代のスポーツ少年団では、お父さんがバレーのコーチ。でも、中学に進学してバレー部に所属したら、顧問《こもん》の先生が指導してくれることに。初めて、違う指導者のもとでバレーをやることになった。

スポーツ少年団の時には、バレーをまったくやったことがない小学生相手に指導するから、お父さんもいろんなことをやらせていた。いわゆるバレーだけではなくて、遊びながら運動能力を向上させていくような練習だ。

でも、中学では当たり前だけど、バレーボールの反復練習が中心。ずっとパスの練習を繰り返すとか、スパイクをただひたすら打ち続けるみたいな。私、飽きっぽいんですよ。練習そのものがいやなわけではないんだけど、飽きちゃう。

入部したばかりの1年生の時には、応援の練習なんていうのもあった。先輩たちがボールを使って練習している横で、大きな声で応援する練習。これって、バレーの練習じゃないじゃん！って、納得できない気持ちがあった。応援なんか練習しなくたって、応援したい気持ちがあればすぐにできる。そう思っていた。しかも中学は、それまで経験したことのなかった、先輩・後輩というタテ社会。敬語を使って挨拶するとか、当たり前のことなんだけど、やっぱり違和感があった。

そういうバレーボールとは関係のないところに戸惑いがあったせいか、小学校時代のようにバレーがおもしろい、楽しいという気持ちが少なくなっていった。なんか、部活を強制されているような気持ち。

1年生の時、一度、集団シカト事件というのがあった。部活に出ても、先輩たちから無視される。「何、これ？」って。多分1年生なのに、私が生意気だったからかな。いくら話しかけても、答えてくれない。もう、いいやって、その日、練習の途中で帰っちゃった。そんなことがあって、何日か練習をボイコットした。

でも、そうしたら、顧問の先生にはすぐわかる。

「いったい、何があったんだ！」

バレー部全員を集めて、すごく怒って、それで集団シカトが判明。その翌日、先輩たちが私の家にあやまりに来た。それで、一件落着。また、次の日からは何もなかったように、私も練習に出るようになった。

そういう事件は覚えているんだけど、どんな練習をしたとか、あまり記憶がない。ちょっとおもしろくないなあっていう感覚、印象のほうが強くて……。幼なじみのかおりちゃんやいくこちゃんも一緒だったけど、仲良しでも「バレー部はおもしろくないね」という話は絶対にしなかった。また、おもしろくないから、バレー部をやめようという気持ちにも、一切ならなかった。

赤ペンで書かれた返事

山形四中のバレーボール部は、部員の数がとても多く、すごく熱心というか、盛んだった。監督は私たちから「くろだっち」と呼ばれていた、黒田伸幸先生。練習も熱心で、練習時間も、小学生の時とはうってかわって、毎日あり、しかも長い。

何が原因だったかはすっかり忘れてしまったけど、1年生の時、体育館に部員全員を並べて、たたいたことがあった。バレーをやっていてたたかれるというのは、初めての経験だった。スポーツ少年団時代、試合で内容が悪い時は地獄のワンマンをやらされたり、練習で手を抜いたりするとお父さんがボールを思いっきり投げつけてくる、ということはあった。でも、たたかれたことはなかった。

もちろん、お父さんには、家ではしょっちゅうたたかれていた。兄弟そろって悪ガキだったし、お父さんも厳しかったから、4人を並べて端からひっぱたくということは日常茶飯事。それでも、バレーの時には、絶対に子どもたちに手を上げたことはなかった。他人にたたかれたというのは、私にとって初めての経験だったのだ。

たたかれた原因は覚えてないけど、たたかれるという行為に、もう、絶対納得できないって憤慨《ふんがい》したことを覚えている。当時、先生と生徒の間で、交換日誌のようなものがあって、そこにグワーッて書きなぐった。

「なぜたたくのですか。たたかなくても、きちんと話をしてくれればわかると思います」

きっと、先生やバレーボール部の部員にとっては、普通のことだったんだと思う。ただ、私には初めてのことだったから、どうしても納得できなかった。だいたい、原因は、全員に関係あることではなかったと思う。でも、連帯責任というのか、全員を並べてたたいた。自分が悪いことをした、自分に原因があって、その自分だけがたたかれたというのであれば納得できる。でも、そうじゃなかった。

「たたくことでバレーがうまくなるのだったら、私はいくらたたかれても構いません。でも、そうじゃないと思います」

でも、そうしたら、きちんとした返事が返ってきた。

「先生が悪かった。以後気をつけるようにしよう」

この日誌は、生徒一人ひとりと、先生が直接交換しているものなので、私が書いたことを、ほかの誰も知らない。先生と私の間だけで交わされたコミュニケーション。返事は、赤ペンで書いてあった。ノートに書かれた赤い文字。今も忘れられない。

メロン事件

中学2年の練習試合の時、内容の悪い試合をしてセットを落としてしまった。まだ、試合は続いている最中だったのに、その時コートに入っていたレギュラー6人全員が先生にこう言われた。

「こんな試合をしていいのか？　お前ら、全員走ってこい！」

当時、2年生でレギュラーになっていた私も、その中のひとり。

試合の途中なのに外へ走りにいくの？　頭の中にクエスチョンマークがいっぱいになったけど、先輩たちが「行くよ」って走り出したので、仕方なくついていった。

学校を出て、街中をずっと走っていたら、途中でいくちゃんが

「あ、このすぐ近くにお父さんの勤務する会社があるんですよ」

なんて言うから、

「みんなでいくちゃんのお父さんのところに行こう！」

って盛り上がって、そのまま会社に押しかけた。そうしたら、お父さんが出てきて、

メロンまでご馳走になっちゃった。反省のために走らされてることも忘れて、すっかりリラックス。メロンを食べてから、やっと学校に戻っていった。

「なんかさ、汗かいてないのって、ヘンじゃない？」

戻る途中で公園に立ちより、水飲み場でTシャツをあたかも汗をかいたみたいに水で濡らしたりして、アリバイ工作。小学校の時、スイミング教室に行くのがいやで、弟とふたりで公園でさぼって、あたかもプールに入ってきたかのように髪の毛を水で濡らしたことを思い出していた。悪知恵だけは、いつも働くのだ。

体育館に残っていた先輩や後輩たちは、ちっとも戻ってこない私たちを心配して、探しに来てくれた。

「あ、先輩、すみませ～ん」

私たちは、神妙に頭を下げた。

「お前ら、ちゃんと走ってきたんだろうな」

学校に戻ると練習試合もすっかり終わっていて、くろだっちにギョロリと睨まれた。

「ハイ！　ちゃんと走ってきました」

6人で声を揃えて返事をした。メロン事件です。

全中のベスト12に！

山形四中はけっこう強かった。私が中学1年生の時にも、全中（全日本中学校バレーボール選手権大会）に出場。私がレギュラーになった2年生、3年生の時にも、連続して全中に出場した。でも、2年生の時にはあっさり敗退してしまったので、あんまり記憶がない。

思い出に残っているのは、中学3年生で出た全中の時。滋賀県守山市で行なわれた決勝トーナメントに進出し、1回戦は兵庫県の朝日中学と対戦して、2対1で勝ち進んだ。これでベスト16。ところが、2回戦で対戦したのが、東京の共栄学園。当時から強豪として有名な学校だった。結果は、10対15、6対15のストレート負け。その頃は、15点制のサイドアウト方式（サーブ権をもっているチームのみ点数が入る方式）での3セットマッチ。

後々、イトーヨーカドープリオール、武富士バンブーでプレーすることになる熊倉（現・山本）由美選手が、共栄学園にいた。こんなすごい選手が、日本にはいっぱいいるんだって、とても印象的だったことを覚えている。結局、共栄学園は準優勝チームとなった。

この全中で、学校としてはベスト16にとどまったのに、なぜか私は、全中のベスト12のひとりに選ばれた。山形に戻ってから、全校集会の時に、みんなの前で表彰されたのを覚えている。

地元・山形商業高校へ

全中の決勝トーナメントには、バレーボール強豪高校の先生たちが絶対に見に来ている。いい選手は、強豪校からのスカウトがあるのだ。

中学3年生の全中でベスト16になった後、山形四中にもそういうスカウト話がいくつか来た。古川商業（宮城／現・古川学園）は同じ東北エリアだったため、何度か学校に行ったこともあった。ほかにも、八王子実践（東京）や大阪国際滝井（大阪）、平安女子（京都）からも話が来た。とくに八王子実践はすごく熱心で、そのOGである大林素子《もとこ》さんや多治見麻子《たじみあさこ》さんがわざわざ来てくれて「実践はすごくいいところだよ、一緒にプレーしよう」って、そこまでしてくれた。

そんなにたくさんのバレーボール進学の話が持ち込まれていたのに、その頃の私は、山形から出る器じゃないと、勝手に思っていた。全中を戦ってみたら、すごい選手が日本全国にいっぱいいいる。私なんかが、そんなバレーの強豪高校に進学できるはずがないって。

同時に、当時山形にも、すごくいい選手がいっぱいいいた。私たちの学年はとくに揃っていたような気がする。たまたま山形四中が全中へ進出したけど、ほかの学校にもたくさんいい選手がいた。そういう選手やチームとずっと3年間戦ってきたから、山形の外に出るなんて、考えられなかった。だから、山形県内の高校に進学するという選択は、自分の中ではすごく自然なことだった。

後に進学することになる山形市立山形商業高校は、私が幼い時から縁のある学校だった。お父さんがバレーボール部の手伝いをしたりしていて、それで何度か一緒に行ったことがある。だから、山形県内の高校と言えば、山形商業高校しかないって決めていた。

そうしたら、偶然、山形県内のバレーボールのライバル中学校の選手たちも、みんな山形商業高校に集まってきた。県内のエースが全部集まった、みたいな感じ。実力があり、個性豊か。この高校でバレーボールをやるのが、楽しみで楽しみで、早く入学式が来ないかなって、指折り数えるほどだった。

幸福な高校3年間

ちょうど私の高校進学と同時に、お父さんは山形商業高校のバレー部コーチになった。私が進学したから、ということではなかったと思う。でも、再びお父さんの指導の下でバレーボールをやることになった。

小学校の頃と、あんまり変わらない。部活としての活動時間や日時といったスケジュールは、顧問の監督先生が決めるけれど、決められた時間内できっちりネットを張るところから撤収までやるというのは、小学生の頃と同じ。みんな、早かったなあ、準備も後片づけも。それだけバレーをやるのが楽しかったってこと。それも、また、小学生の頃と同じ。

高校には、遠方から通う生徒のための合宿所があって、そこで時々バレー部の合宿もあった。日常的には家から自転車で学校に通っていたから、たまにある合宿はすごく楽しみだったな。

高校に入ってすぐにレギュラーになった。多分、私たちの学年って、優秀な選手が揃っていたんだと思う。一緒に進学したほかの中学のエースの子たちも、もう2年生の時には4、5人、レギュラーになった。だから、私たちは、自分のチームという意識がすごく強かった。同じ学年で10人くらいはエース格の子たちが入ったのに、その全員がレギュラーにはなれないことが、むしろもったいないと思ったくらい。

中学3年生の頃からやっと身長がググッと伸びてきて、高校に進学すると170cmになった。ほかの中学から来たエースの子たちも170cm台という身長で、180cmを超える長身選手はひとりもいない。そういう中で、私は1年生の時からレフト、つまりエースをやっていた。自分より背が高い選手もいたけれど、180cm超の子がいなかったこともあり、自分の背が低いということをまったく感じないでプレーをしていた。

中学時代には、リスクが高いからという理由でジャンプサーブを封印していたけど、高校ではまた再開した。そして、この頃は、小学生の時と同じように毎日毎日バレーができることが素直に楽しかった。バレーボール強豪校なら、きっと、春高バレー（全国高等学校バレーボール選抜優勝大会）で優勝とかを目指していたんだろうけど、そういう空気はあんまりなかった。ただ、練習すれば、しただけのプレーができるようになる。そういうポテンシャルの高い選手たちが集まっていた。練習でできたことを試合でやって、それで勝てれば、すごくうれしい。そうやって、3年間を過ごした気がする。実際には、私が2年生と3年生の時の春高で、ベスト16に入ったのが最高位。とくに印象に残る試合というのは、あんまり思い浮かばない。

バレーをやっていること。それを楽しんでいた3年間だった。

第2章

勝つこと、負けること

ワンコたちは大事な家族

私には、家族がほかにもいる。それは可愛い犬たち。小学3年生の頃、父がペットショップで売れ残っていたメス犬を買ってきた。それがサクラ。その後、生後何カ月のオス犬、プーちゃんがもらわれてきて、うちの家族は人間6人、犬2匹になった。2匹ともどんどん大きくなり、小学生の私よりずっと大きくなった。

高校に進学した頃、サクラとプーちゃんに可愛い子どもが生まれた。そのうちの1匹が、オスのタマ。その翌年、タマの弟ができた。それがチビ。現在は、サクラとプーちゃんは天国に召《め》されてしまい、タマ、チビ、そして2年ほど前にお父さんがインターネットで買ったクロの3匹がいる。サクラ、プーちゃんをはじめ、みんな大型犬の血がまじった雑種。どの子も、可愛い。ほかに、黒ウサギのフジコもいる。

1日、2日でもオフになると、何はともあれ実家に帰り、両親より先にワンコたちに挨拶する。長期遠征に出ている時には、テレビ電話で「ワンコたち、出して!」と頼んで、癒《いや》されたりもする。ワンコたちは、なくてはならない大事な家族なんです。

ハイ、お願いします！

高校3年生の時に、春高、インターハイ、そして国体の東北予選と公式戦を戦い、それでバレー部は引退した。

そして突然、卒業後の進路を考えなくてはいけない時期に直面した。

それこそ、物心ついた時からバレーをやってきて、よく考えてみたら、バレーしかやってない人生だったかもって、思うようになっていた。バレー以外の友だちもバレー部の仲間も、すでに就職活動をしていたし、バレー以外のこと、まったく新しい生活をするのもいいかもしれないと感じていた。みんなと同じように就職活動を始めてみようか。そんなふうに思うようになったのだった。

これまで、中学校の時にちょっとバレーがつまらないと思った時期もあったけれど、その時も、私は仲良しのかおりちゃんやいくちゃんにも、そしてお父さんにも、誰にもバレーがつまらないと言ったことはなかった。当時、お父さんは、私の高校の女子バレー部のコーチでもあったから、なおさら、この先バレーをやるかどうか悩んでるなんて、言えない。

毎日、家に帰ると自分の部屋でサクラを抱《かか》えてボーッと、この先どうしようって、考えてた。サクラだけが、そばで抱えられながら、黙って私の揺れる気持ちを受け止めてくれていた。そうやって、人生で初めて、自分の向かうべき道を探っていたのだ。

そんなある日のこと。昼休みに校内放送で校長室に来るよう、呼びだしがあった。あれ、私、また何かいたずらしちゃったっけ？　一生懸命思い出しながら、でも、思い当たることもないままに校長室に向かった。

そこには、NECレッドロケッツの葛和伸元《くずわのぶちか》監督と、お父さんが、校長先生と一緒にいた。私が恐る恐る校長室に入っていくと、葛和監督がこう言った。

「うちのチーム、NECで一緒にやってみないか？」

サクラを抱えて、この先の進路を迷っていたはずなのに、もう、バレー漬けの人生から脱却しようかとまで思っていたのに、その時、私の口をついたのは、

「ハイ、お願いします！」

即答だった。考えずに言葉が口からとび出したようだった。

そばにいたお父さんのほうがびっくりしていた。私が進路について、あれこれ悩ん

でいるらしいということは、やっぱり気づいていたから、その場で「ＹＥＳ」と回答するとは思わなかったみたい。即答した私と、葛和監督の顔を交互に見ながら、

「ああ、そうか、そうか」

と、まるで自分に言い聞かせるようにうなずいていた。

高校のバレー部に在籍していた時、受け入れ合宿といって、ＮＥＣの練習に参加させてもらう機会が何度かあった。初めて見るＶリーグの選手たち。中でも目を引いたのは、大懸《おおがけ》（現・成田）郁久美《いくみ》選手でした。

郁久《いく》さんは、私とほとんど身長が変わらない。１７０㎝を少し超えるくらい。Ｖリーグの選手としては、決して大きい選手ではない。当時、ＮＥＣには外国人選手もふたりいた。だけど、私は郁久さんの弾けるようなプレーに目を奪われた。あぁ、あんなに小さい人がこんなふうに活躍するんだ。すごいな。初めて見るＶリーグは、まさに郁久さんのイメージだった。

そういう経験があったから、葛和監督の勧誘に即答したのか、正直なところ自分でもよくわからない。郁久さんがいたから、Ｖリーグのトップチームだったから。どれもが自分にとって正当な理由のようでもあるが、なんというか、校長室で葛和監督の

顔を見たら、即答しちゃったというのが、本当のところのような気がする。なんでだろう、運命みたいな感じなのかもしれない。

NECの先輩、大懸(現・成田)郁久美選手が憧れだった。07-08シーズン、再びNECで同じコートに立つ

小さい私にできること

ＮＥＣに合流したのは、高校を卒業した後の4月になってから。ほかの新人選手はもっと早く合流した人もいたみたい。卒業前に何度か練習に参加させていただく機会はあったけど、本格的に合宿所に入ったのは、4月の会社入社以降。それまでの間は、自動車の運転免許を取得したり、わりと普通の女の子の生活を思いっきり楽しんだ。

Ｖリーグに入ったら、それまでと生活が一変して、びっくりの連続。そもそも高校生は、授業が終わってから放課後に練習する。でも、当然のことながら、Ｖリーグでは朝から一日中練習のスケジュールがびっしりと組まれてる。それも、毎日。ボールを使ったトレーニングは、そのごく一部で、走り込みはする、最新設備を使った筋力トレーニングもする。新人は、それ以外にも細々とした雑用もこなさなくてはいけない。高校生までは、せいぜい2歳年上の先輩と接する程度だったのが、すごく大人の選手と一緒にプレーをしたりもする。何なんだ、この世界はって。高校卒業したばかりなんて、まだまだほんの子ども。

「あ、これはダメだ。すぐにやめよう」

って、思ったほど。

一応、高校まではバレー部のレギュラーでしかもレフトでエースを張っていた。同じチームに180㎝台の選手がいなかったこともあって、170㎝の私でも大きい部類の選手だった。でも、NECに入ったら、当然のことながら、小さいほうから数えたほうが早いくらい身長の低い部類になってしまう。もう、最初は、

「ウワー、こんなすごい選手の中で、絶対にやっていけない」

そう思って、足がすくむような気持ちだった。その上、「心が弱いから、心技体の〝シン〟」というニックネームまでつけられた。小さい私に何ができるのか。ここでやっていくためには何をすべきなのか。その時点では、わからないことだらけだった。

そんな時、やっぱり指針となったのは、郁久さんの存在。大きな外国人選手がいても、エースとしてガンガン活躍してる。全日本選手としても選ばれている。郁久さんの後ろ姿を追いかけていこうって思った。

葛和監督に勧誘されて、即答して、それでNECに入ったのに、実際には葛和さんは全日本女子の代表監督に就任したために、当時コーチだった吉川正博《まさひろ》さんがNEC

の監督になった。

ＮＥＣに入ってすぐに全日本女子ジュニアの代表選手に選出されたため、ＮＥＣとしての練習時間よりもジュニアチームとしての練習時間のほうが長くなった。世界ジュニア選手権に出場したりして、やっと終わったら、もう、すぐにＶリーグのシーズンに突入。しかも左足首を捻挫《ねんざ》したこともあって、リーグで試合に出る機会はほとんどなかった。

２年目の春、１歳年下のスギちゃん（杉山祥子《さちこ》）がＮＥＣに入団した。当時私は、まだまだ全然実力が足りないって、それなりに練習は積んでいたけれど、やっぱり外国人選手がシーズンになってチームに合流すると、せいぜいピンチサーバーとしてベンチに入る程度。それが、入ったばかりのスギちゃんは、その年、新人賞を受賞する活躍を見せた。ＮＥＣの選手のほとんどは、みんな全日本代表にも選ばれているような選手ばかりだし、新人だから、単にうわー、すごい、うわー、すごいって、そうやって見ているばかりだったのに、自分よりも後から入ってきた新人のスギちゃんは、そんな中でも、しっかり自分らしさを発揮して、新人賞まで受賞。アレッて思った。単に追いつかないなと、漠然と思っているだけじゃ、やっぱり前には進まない。もちろん、へこむこともあったけど、やっぱりコートに立てるのはきちんと実力を発揮できる人。でも、それなら、なおさら自分の足りない部分を、もっと一生懸命練習しなくちゃダメなんだ。自分の今の実力では足りないからコートに立ち続けることができないんだって、改めて痛感した。

Ｖリーグ全勝優勝の軌跡

ＮＥＣに入団してから3度目の春。Ｖリーグのシーズンが終了すると、チームのレギュラー選手のほとんどは全日本に招集される。私は、当然、居残り組。そんな中に、新人賞を獲ったばかりのスギちゃん、それから今や全日本になくてはならない存在であるテンさん（竹下佳江《よしえ》）がいた。当時は、単なる若手選手、居残り組だった。でも、この年の夏、なぜかこの居残り組がものすごく発奮《はっぷん》して、みんなですごい練習をした。

「全日本のメンバーが帰ってきた時に、絶対にその人たちに負けないチームにしておこう！」

「全日本組が帰ってきても、もう、空いているポジションはありませんよ、くらいの勢いでチームを作ろう！」

夏にはサマーリーグがある。どこのチームも、たいてい全日本の居残り組や新人が中心となって、行なわれるリーグだ。この年、そうやってみんなで結束したら、サマーリーグで優勝した。もちろん、本物のシーズンのリーグに比べれば格下のリーグではあるけれど、それでも自分たちのチームを作り上げて勝ったという確かな手応えがあった。それが、本当にうれしかった。やれば、できる。やればやっただけ、成果として手にするものがある。そんな実感を得たのだ。

考えてみたら、私はこのサマーリーグの優勝で、本当の意味での勝ち味みたいなものを初めて知ったんだと思う。高校の時でも、山形ではいくら強豪とはいっても、春高での最高位がベスト16。NECに入団してからは、せいぜいピンチサーバーで出場するくらい。レギュラーの選手として試合に臨めるのは、サマーリーグだけ。みんなで作り上げたチームで、小さいリーグながらも優勝。その喜びは、本当に大きかった。

全日本のシーズンが終わってレギュラーメンバーの選手たちが帰ってきた時には、すでに万全の臨戦態勢が整っていた。全日本の選手たちは、チームに戻ってからリーグが始まるまでに本当に時間が少ない。夏には「全日本組には負けない！」みたいな、負けじ魂で猛練習を積んできたけど、この時期には、むしろ全日本選手たちが帰って来た時には、すぐにチームに合流できるように自分たちで整えておこう。そう、気持ちのベクトルが自然と一致していた。土台を築くためのサマーリーグでも優勝したのだから、絶対に大丈夫。不思議な自信に満ちあふれていた。

そうして、Vリーグの99-00シーズンが開幕。

この年、外国人選手枠がなくなり、遂に私にもレギュラーメンバーになるチャンスが巡ってきた。憧れの郁久さんの対角、レフトに入ったのだ。そうして、この年、テンさんが正セッターを務めた。スギちゃんは当然センター。もう、本当に楽しくて仕方がなかった。ぎりぎりの接戦でフルセットまでもつれ込む試合もあったけど、なぜか、負ける気がしない。絶対に勝てるって、ずっと思ってた。

でも、この勢いはコートに立っている6人だけじゃない。サマーリーグで一緒に戦った選手たちも、みんな誰がコートにスタメンで入ってもおかしくないくらい、実力が伯仲《はくちゅう》していて、交代があっても「ヨッシャー！」って、みんな実力を100％出し切ってた。私が調子悪くても、代わって入ったほかの選手が、きっちりプレーしてふんばって、最後にチームは勝つ。スタッフも、サマーリーグからずっと盛り上がってきたことを一緒に見ている人ばかりだから、選手だけじゃなくて、チーム全体がものすごく意識が高い。そういう雰囲気が、シーズン中、途絶えることなく続いた。

気がつけば、そのシーズン負けなし。18戦、全勝優勝。Vリーグが始まって以来今でも、全勝優勝したのはこの年のNECだけだ。

1999-2000シーズン、Vリーグ全勝優勝に貢献

勝ち続けるって、特別なこと。単なる1勝とはまったく別物。移動のバスの中でも、チームの雰囲気がまるで違う。すっごく気分がいい。今日も勝った。明日もがんばろう。もちろん、だからこそ、決勝の時には今までに感じたことのないプレッシャーがあった。ここまで勝ち続けてきて、最後に負けるってこともある。怖かった。勝ち味とともに、初めて経験する恐怖感。でも、とにかく一生懸命やるしかない。私の調子が悪くなっても、頼もしい先輩がいっぱいいるし、私は自分のできることを、精一杯やるだけ。若さと勢い。それでいいんだって、監督にも言われていた。自分でもそう思って、思いっきりプレーするだけだった。

完全優勝を果たした第6回（99-00シーズン）Vリーグで、私はとうとう、一生に一度しかチャンスのない新人賞を獲得したのだった。

全日本代表、目覚めの時

そうして、リーグが閉幕すると、私は葛和監督率いる全日本代表チームに初めて招集された。2000年、春のことだ。

この年の夏、オーストラリア・シドニーでオリンピックが開催される。6月には、東京でオリンピック出場をかけた世界最終予選が開催されることになっていた。郁久さんは全日本でも主軸選手。ほかには森山淳子《じゅんこ》さん、熊前《くままえ》知加子《ちかこ》さん、満永《みつなが》ひとみさんらがいた。そんな中、私と一緒にNECの正セッターとして全勝優勝を支えたテンさん、スギちゃんも、新たに招集された。もっとも、テンさんは、その前にも一度、1997年に招集されたことがあった。それこそ、NECに入って1シーズンを戦ったばかりの頃のこと。

テンさんは、新人のサブセッターだったけど、チームが苦しくなった場面で交代すると、たちまちチームを盛り返す。スタメンではないけれど、確実な抑えとしてものすごい底力を発揮していたと、葛和さん自身が驚いていたそうだ。ちょうど私が高校

3年生の時、テンさんという着実な抑えを確保したNECは、第3回(96-97シーズン)Vリーグで優勝を果したのだ。

全日本に最初に招集されたのも、この時のNEC優勝を陰で支えた功績のため。でも、全日本の大型化作戦のため、その後すぐに当時NECでライトスパイカーだった大貫美奈子《おおぬきみなこ》さんをセッターとして育成することになり、テンさんは、全日本から外されることになってしまった。大貫さんがセッターを務めることになったことから、その後NECでもテンさんは大貫さんの控えになった。

99年11月に開催されたワールドカップ。上位3チームにシドニーオリンピックへの出場権が与えられるこの大会で、日本は6位となり、出場権獲得とはならなかった。この敗因を熟慮した葛和さんは、どうしても、セッターは専門でやってきたスペシャリストにやらせたいという結論に至ったという。第6回VリーグでNECの正セッターとしてスタメンに起用され、全勝優勝の大きな原動力になったテンさんに再び、白羽の矢が立ったのだ。

96年のアトランタオリンピックの後、全日本は選手の若返り策と大型化を積極的に推し進めてきたと聞く。だから、シドニーオリンピック出場がかかった大事な年の全日本で、身長159㎝のテンさんと、170㎝しかないスパイカーの私を招集することに、周囲は猛反対。それを押して、葛和監督は、テンさんと私を招集してくれた。

私は、全日本に参加してすぐの頃は、まだピンチサーバーとしてコートに立つくらいの役割。もともと、NECの新人・下積み時代もピンチサーバーだったから、その頃からサーブ練習だけはすっごくしていた。どんな厳しい局面でも、サーブで1本、エースをとれば、それだけでチームに貢献できる。だから、攻撃的なサーブをいつでも打てるように準備していた。全日本で「ピンチサーバーだよ」と葛和監督に言われた時にも、任せておいて！という気持ちだった。NECの下積み時代と、この全日本新人時代に、私はサーブのベースを作ったと言っても過言ではない。

しかし、実際には、当時、郁久さんが疲労骨折を抱えていた。それで全日本が始まってすぐのロシア遠征で、いきなり私が郁久さんの代わりにレフトにスタメンで入ることになったのだ。もう、頭の中は真っ白。全日本女子ジュニア時代にもロシアのガモワ（エカテリーナ）とか対戦したことはあった。同い年だから。でも、シニアのロシア代表として出場していたガモワは、ジュニア時代とはまったく別人のよう。204㎝のガモワだけじゃなくて、ソコロワ（リュボフ）選手などほかの人もみんな190

㎝を超える巨人。なんだ、こりゃ！って思いました。

それまでジュニア選手として国際大会の経験はあると言っても、そんなのはほんのわずか。190㎝超の6人を相手にするなんてことは、皆無《かいむ》に等しい。Vリーグでは、得意のスピードを生かせば、ブロックアウトなんかしなくても得点できた。だから、そういう練習をしたことさえなかった。

ところが、ロシア遠征ではスパイクがことごとく高い壁のようなブロックにつかまってしまう。全部、シャットアウト。目の前にシドニーオリンピックの最終予選が迫ってる。でも、郁久さんは、ケガしてる。交代はいない。私がなんとかするしかない。

それまで、ストレート方向に打ってブロックのサイドに当ててアウトにするというテクニックを自分がするなんて、考えたこともなかった。ストレートをしめにきたブロックに対してクロスに打ち込んでも、ロシアのような強豪チームであれば、待ってましたとばかりにレシーブされる。あるいは、ヒョイっと手が出てきて、空中でシャットされてしまう。ロシアは、ブロックだけじゃなくてもちろんスパイクも、そして強烈なジャンプサーブもある。どれもこれも、今まで経験したことのない世界。

それで初めて、郁久さんから徹底的にブロックアウトの仕方、コツを教わった。それこそ、郁久さんとマンツーマンで、体育館の壁に向かってサイドに当ててアウトにするというブロックアウトの練習ばかり。まる一日中、それだけをやった。高校生の時、ＮＥＣの合同練習に参加させてもらった時以来、憧れの郁久さん。ＮＥＣに入ってからも、郁久さんの背中を見つめてここまで来たけれど、こんなふうに手取り足取りアドバイスをしてもらったのは、初めて。もう、私は全身で郁久さんの教えてくれる言葉、テクニックを吸収することだけに専念していた。

そうやって練習した次の日、再びロシアと対戦。そうしたら、なんとフルセットで日本が勝った。もう、すっごくうれしかった。この最初の勝利だけは、忘れられない。

このロシア遠征で、完膚《かんぷ》なきまでシャットされて、そうしてブロックアウトを猛練習した。初めて自分にはブロックアウトという武器をもたなくては生きていけないのだ、と痛感したのだった。日本のＶリーグでプレーしているだけなら、なんとかなる。でも、その上を目指すなら、今のままでは歯が立たない。全日本として世界の頂点を目指す中で、私はいったい何をしなくてはいけないのか。生き残っていくために、どうしたらいいのか。郁久さんは、私とほとんど身長が変わらないのに、こういうロシアみたいなチームなど、世界を相手にずっとやり合ってきたんだ。それって、本当にすごいこと。そのすごさを、自分が実際に戦うことで、初めて気がついた。

郁久さんがやってきたことだから、絶対に自分にもできないことはない。郁久さんのすごさを体感して、自分の生きていく道を、本当に真剣に考えるようになった。全日本選手として、目覚めの時だ。

応援の嵐の中で

2000年6月、世界最終予選が開幕。

東京で行なわれたこの大会で、私はそれこそ、初めてものすごい応援の嵐のただ中にとび込んだ。これが全日本、これが世界と戦うということ。Vリーグしか経験していなかった私には、何もかもが初めて。背中を電流が駆け抜けるよう。

日本は、初戦のアルゼンチンを下すと、カナダ、オランダからも勝利をもぎとる。しかし、その後、中国とイタリアに完敗し、オリンピックへの出場権は、クロアチアとの一騎打ちで決着することになった。

郁久さんのケガも治り、私は再びピンチサーバーとしてコートサイドにいた。スタメンでコートに入っているわけじゃない。でも、私は、もし葛和監督が交代の合図を出したら、絶対に1点を取ってやろう、そう思ってコートを見つめていた。1点を取ることがどれほど大きな力をもつか。1点がどれだけ大事か。私なりに、武者震《むしゃぶる》いする気持ちで感じていたんだと思う。私がコートに立つという局面は、相手と僅差で競っているギリギリの場面。自分のサーブでノータッチエースをとれたら。あるいは、相手チームがサーブレシーブをミスしてスパイクに持ち込めないようなボールを打ち込めたなら、チームが少しでもラクに試合を運べる。自分の気持ちの中では、まるで切り立った岩壁《がんぺき》にへばりついて、爪の先で自分を支えているような感じ。このチームでの自分の仕事は、それだけなんだ。それができなければ、自分がいる意味はないんだって、そう思ってた。

日本は、1、2セットを先取。3セット目はクロアチアに取られたものの、第4セット、21対17とリードしていた。

ラリーポイント制（サーブ権に関係なく点数が入る方式）になってから、展開として先に20点台に突入したチームの勝率は、すごく高い。しかも、この時は4点差でリードしていた。もちろん、勝負にはどんな時にも考えられないような「まさか」がある。それはずっとバレーをやってきて、わかっているつもりだった。それでも、この時には、コートにいる選手たちも、ベンチの私たちの間にも、どこか「勝てる」という気分が流れていたのかもしれない。

「まさか」が、この時、起こるなんて……。

前衛にいたのは、レフトが熊前さん、センターが森山さん、ライトは満永さん。最強の3枚だ。サーブでクロアチアのレシーブを崩しチャンスボールに持ち込めば、この3人のどこへでも、ドンピシャでテンさんのトスが上がり、次の1点が入る。ところが、なぜかパタパタッと連続失点してしまった。

葛和監督がものすごい形相で、タイムアウトを取る。熊前さんの決め球は、矢のような直線的な平行トスからのスパイク。森山さんは、スピードのある片足のブロード(センターからライトへ回り込む移動攻撃)。そこにライトからセンターへ回り込む満永さんのコンビが組みあわされば、クロアチアのブロックを翻弄《ほんろう》できる。ところが、実際には、満永さんのセンターからのスパイクが、相手チームに簡単にレシーブされてしまう。日本が誇ってきたコンビネーションとスピードが、この時に限って、なぜかまったく機能しなくなったのだ。

そのままシーソーゲームが続き、デュースにもつれこむ。テンさんは、最後の最後はエースの郁久さんにトスを上げ続けていた。エースは、そういう場面できっと1本とってくれるはず。祈りにも似たテンさんのスピードのあるトスがレフトに上がるたびに、2枚のブロックがきっちりついてきた。いつもなら、得意のストレートで高いブロックでもブロックアウトをとって、「してやったり」と笑う郁久さん。この時もずっとストレートで決めていた。しかし、相手がブロックチェンジをした時に、クロスへ打ったスパイクがとめられたのだった。そうして、日本は第4セットを落としてしまったのだ。

5セット目のことは、私の記憶からすっとんでいる。気がつけば、15対9でクロアチアが勝って、テンさんがコートにつっぷしていた。え、負けたの？　オリンピックに出場できないの？　初めての全日本の大事な試合で、いきなり地獄に落とされた。私には実感がなく、ただ、心ここにあらずといった感じで東京体育館の中をフワフワ漂っているような感じだった。

絶対に忘れない……

最終日の第3試合で、クロアチアは最終予選での全勝優勝がかかったイタリアを、なんと3対1のセットカウントで下した。この結果により、クロアチアは初めてのオリンピック出場を決め、そうして、日本のオリンピック出場の望みは、完全に断ち切られた。東京オリンピックでバレーボールが正式種目になって以来、出場をボイコットしたモスクワオリンピック以外で、初めて全日本女子チームがオリンピックに出場できないことになった。負の歴史的瞬間だった。

最終日の最終試合。もうオリンピック出場はかなわないと決まった後の、韓国戦。メディアが言うところの、消化試合。私は途中からコートに立った。

もう、オリンピック出場の可能性がゼロになったにもかかわらず、東京体育館は満員のサポーターで埋め尽くされた。前日と変わらずに「ニッポン、チャチャチャ！」の大コールがこだまする。こんなふうに応援してくれる人が、日本にはいっぱいいる！　私は、その声に絶対に応えたいと、鳥肌が立つような気持ちだった。

でも、結果は惨敗。やはり、前日のクロアチア戦の敗退が、大きく響いたのかもしれない。選手たちは、決して力を発揮できなかったわけじゃないと思うけど……。

最終日だったので、葛和監督と選手12名全員が、最後の記者会見に臨んだ。そんなことも、初めての経験だった。集まった選手は全員、オリンピックに行けなくなったこと、最後の韓国戦で勝ちきれなかったことに打ちのめされ、ただ涙にくれていた。

この記者会見である記者から、こんな質問がとび出した。

「今日の韓国戦で、新人の高橋選手を出場させたのは、試合を捨てたってことですか？」

記者席の後ろのほうからの質問だった。葛和監督はキッと顔をあげると、

「誰だ、今の質問したヤツは。試合を捨てるわけがないだろうっ！　社名と名前を名乗れ！」

って、ものすごい剣幕《けんまく》で怒鳴りつけた。

この時のことは、はっきりと覚えている。何しろ、名指しだったのだから。

「試合を捨てた。高橋を使ったから、試合を投げた」

そんな言葉が、頭の中でリフレインしていた。スタメンで入っていた主力メンバー

も、ピンチサーバーとして呼ばれた私も、それでも同じ試合に臨んで、気持ちに変わりはなかったと、今でも思ってる。コートサイドにいながら、一緒にずっと戦っていた。だからこそ、もちろん最後の韓国戦でも、私も先輩たちも、同じように一緒に戦っていたはず。最終日の記者会見は、確かに針のむしろだった。主力選手も葛和監督も、オリンピック出場を逃した原因について、厳しく問いつめられていた。ものすごく、たたかれていた。その時、控えの私も一緒にたたかれていたのだと思う。

あの時の記者会見だけでなく、その後の報道もものすごい攻撃だった。心底、怖いと思った。もちろん、報道は絶対に必要だ。メディアの人が来て、前もって伝えてくれるからたくさんのお客さんが入るし、試合の結果も報道してくれる。だけど、この時ばかりは、完全に手の平をひっくり返されたような感じだった。

「日本女子バレー界、初の屈辱《くつじょく》！」

「日本女子バレー史上最悪の事態」

そんな見出しが、翌日以降の新聞や雑誌などで大きく報じられた。また、一方では、「やっぱり小さい選手を起用したからだ」というような視線や声が、私やテンさんに向けて投げつけられもした。選手だけでなく、起用した葛和監督にも……。

もちろん、負けたのだから、最終的には自分たち選手が悪い。負けたのは、自分たちの力がおよばず、弱かったから。でも、そう言えるのは、8年もたった今だからこそ。その当時は、本当に怖かった。

初めての全日本、初めての衝撃、初めての挫折。

今でも、ことあるごとに「シドニーの時は……」という話になる。消えない傷痕《きずあと》だ。あれから8年経って、自分も全日本もあの時とは全然違うものになっている。それでも、絶対に忘れない。シドニーオリンピックの最終予選のことだけは。何があっても。

「叫び」みたいな思い

世界最終予選の後は、選手も葛和監督も、もう、魂の抜け殻《がら》みたいになっていた。

そして1年後、郁久さんがNECを退社。会社を退社するというのは、イコール、選手をやめるということ。郁久さんの背中を見てきたのに、その郁久さんがいなくなってしまう。それから、さらに1年後、今度はテンさんがバレーをやめた。この時には、テンさんだけじゃなくて、ほかにもやめる、と申し出た選手が続出した。大事な大事な仲間たちが、まるで櫛《くし》の歯が欠けるようにポロポロと、チームを去っていった。

全日本の監督は、葛和さんから吉川さんにバトンタッチされた。私は、吉川さんが監督になった新しい全日本に呼ばれ、なんとキャプテンをやれ、と言われた。

「ええっ、私がキャプテンですか。私がなったら、チームは崩壊しますよ」

「いや、そんなことはない。お前しかいないいないんだよ」

吉川さんは、静かな口調でそう言った。

「竹下もいない、大懸もいない。今の日本を支えて、ひっぱっていけるのは、シン、お前だけなんだ」

「わかりました」

ぶつぶつ口の中で言い続けながら、心では「絶対に、無理！」と思っていた。自分のプレーですらまだ満足にできていないのに、チームを、それも全日本をまとめるなんて、そんなに簡単なことじゃない。甘いもんじゃない。

ただ、吉川監督は、本当に真面目に勝負を考える人。いつも、すっごい一生懸命。それは、ＮＥＣでずっと一緒にやっていたから、わかってた。私をキャプテンにするということだって、ものすごく考えた末の、吉川監督の答えだということが痛いほどわかっていた。監督が考え抜いたことなのだから、私はやるしかない。

私は、みんながどんどんバレーから遠ざかっていく後ろ姿を見ながら、それでも、どうしても、一緒になって、去っていくことができなかった。やるしかないんだ。このまま終わっちゃダメなんだ。そんな、「叫び」みたいな思いだけで前に進んでいた。

全日本キャプテンとして、２００２年にドイツ・ベルリンで開催された世界バレー（世界選手権大会）に出場。世界選手権は、男女とも24カ国が出場するビッグイベント。オリンピックもワールドカップも出場国は12。歴史もいちばん古く大会規模も大きい。サッカーのワールドカップのようなものだ。

日本は、この世界選手権で、史上最悪の予選敗退に終わった。成績としては13位だけど、そんなの、負けたことで単に区分けされただけって感じ。しかも、その後行われた韓国・釜山《ぷさん》でのアジア大会では、アジアの中で5位。もう「日本の女子バレーは終わった」と、シドニーオリンピックの世界最終予選以来、再びメディアからたたかれた。そうして、まるで潮が引くように、私たちの周りから報道関係の人たちがすーっといなくなっていった。

この2大会の惨敗を受けて、吉川さんは全日本の監督をやめさせられることになった。

「だから、言ったじゃない！　私がキャプテンになんかなったら、チームが崩壊するって」

もう、本当に身も心も、ボロボロだった。

シドニーの最終予選が終わった後、正直、実家から一歩も出られずに、ボーッと、本当に抜け殻みたいになっていた時期があった。あの時だけは、本当に初めてバレーを真剣にやめようかと思った。もう、ボールなんて見たくもない、触りたくもない。

シドニー最終予選が終わった時、選手たち全員が、郁久さんたちが、狂ったように泣き叫んでた。みんな、普通じゃなかった。これって、人間の泣き方じゃないって。これ以上、バレーは続けられない。そんなことを思ったのは、後にも先にもあの時だけ。

それでも、最後の最後、やめようという気持ちにはならなかった。ここでやめたら、何かが違う。小さい時からずっとバレーをやってきて、結局オリンピックにも行ってない。全日本でちゃんと自分が納得できる結果を出してない。私は、バレーに対して、まだ何もやりきれてなんかいない。なんのために、ここまでやってきたの、シンって。

吉川さんがクビになったのも、チームが完全に崩壊したのも、キャプテンだった私の責任。本当は、日本のためには、私なんか、やめたほうがいいのかもしれない。でも、自分の中では、「やめる」という選択肢はこの時もなかった。

やるしかない。前に進むしかない。そう思っていた。

第3章

このままでは終われない

純粋にバレーだけをやっていく

２００２年のドイツでの世界選手権で予選敗退した後、吉川正博さんが監督をやめた。その後、柳本晶一《やなぎもとしょういち》さんが全日本の監督になるらしい、と聞いた時、

「あ、これは絶対に全日本に選ばれることはないな」

と思ってた。

でも、実際には、選ばれた。その後、全日本監督に就任した柳本さんと初めて言葉を交わした時、

「お前が、ＮＥＣにおって、オレが監督をしている東洋紡との試合の時に、なんて憎たらしいヤツなんだって、思っとったぞ！」

って、言われた。

ああ、見てる人は、見てるんだって、思った。あの頃、本当は私とテンさん（竹下佳江）のような、「身長の低い選手は絶対に使うな！」という指令が出ていたらしい。シドニーオリンピックの世界最終予選で負けて出場権が得られなかったのも、世界選

手権で決勝ラウンドに勝ち上がれなかったのも、すべての責任は小さい選手を使うからだって。

でも、柳本監督と初めて話した時に、あ、この人は違う、これまでの全日本監督のイメージとは全然違うって感じた。なんか、まったく新しい全日本になるんじゃないか。これからはそういう全日本でやっていくんだって、八方ふさがりだった気持ちに、何か、新しい光がすうっと差し込んでくるような、そんな感じだった。

バレーに対しても、かたくなにやめないことだけは決めたけど、それでも実際にはどうやって心を持ち直していいのか、まだ迷いがあったけれど、純粋にまた、バレーだけをやっていこうって思えた。

「ショウちゃん」。柳本監督のことを、選手同士でこう呼びあってる。怖いおっさんみたいなイメージだけど、私は、最初から「ショウちゃん」って、〝愛〟を込めて呼んでいる。

テンさんが全日本に戻ってきた

柳本ジャパンが発足して、最初に呼ばれたのはトモさん(吉原知子)だった。私は、トモさんのことを、バレーをやっている大先輩、くらいにしか認識してなかった。とにかく、イメージとしては〝チョー、怖い人〟。この人と一緒にプレーするなんて、やっていけるのかなって思ってた。でも、トモさんも、実際に会ってみたら、先入観とは全然違ってた。この人、すごい! 自分とはまったくタイプが違う。でも、だからこそ、こんな人に出会えて、一緒にプレーできるなんて、すごくおもしろいって思った。

そして、テンさんが、また、全日本に戻ってきた。

テンさんはドイツで世界選手権のあった、Vリーグのシーズン終了後、NECを退社した。先に郁久さん(成田郁久美)が辞表を出して、テンさんが後を追うように退社したいと言うと、ほかにもぞろぞろと何人もの選手が、会社を、バレーをやめると言って去っていったのだった。

テンさんは、バレーをやめてハローワークとかに行っていたらしい。状況はまったく違うけど、私が高校3年生の時にバレーをやめて就職活動しようかなって思ったときのように、いったん、カラダから全部バレーを落としたかったんじゃないかな。

でも、その後、V1（現・Vチャレンジ）リーグに降格したJTマーヴェラスに復帰。きっと、その時も、テンさんだけにしかわからない、いろんな覚悟や新しい気持ちがあったはずだ。

そんなテンさんが、全日本に戻ってきた。その時のテンさんは、NECで一緒にプレーしていた時のテンさんとは、明らかに違ってた。もう、私の知っているテンさんじゃない。でも、それがすごく新鮮だった。そして、テンさんともう一度バレーができることは、私にとって、本当に喜びだった。NECに入社した時以来、私を生かしてくれたのは、テンさんだった。テンさんしかいなかった。テンさんありきの、私。それは、今でも変わってない。

柳本ジャパンで久しぶりにテンさんの顔を見た時、私はテンさんと心中するって、心に決めた。テンさんとは、シドニーの世界最終予選の時の話は、一切しない。しないけど、お互いにすごくよくわかってる。

私の原点

シドニーオリンピックの世界最終予選の時は、私は全日本の中で、新人だった。それが、柳本ジャパンでは、コウ（栗原恵）やカナ（大山加奈）とか、まだ19歳の子たちが入ってきた。自分自身、年齢的にはそんなに年上っていう意識があるわけじゃないのに、この子たちを見た時、「なんだ～、こいつら、チョー、でかいなあ」って、こんな子たちが今の全日本にいるんだなって思った。

柳本ジャパンは、少なくとも、私がかかわってきたそれまでの全日本とは違った。というのも、柳本監督は、その時、どこのVリーグチームにも属していなかった。そういう全日本監督というのも、初めてだった。葛和伸元さんにしても、吉川正博さんにしても、NECの監督がそのまま全日本の監督を兼任してた。私にとっては、それがひとつのチャンスで、幸運だったとは思う。NECでプレーしている私をよく知っていたから、葛和さんも全日本に呼んでくれたのだろうって思う。そうでなければ、私みたいな選手が全日本に呼ばれることさえなかっただろう。

結局、葛和さんにも、吉川さんにも、とても可愛がってもらっていたんだなって思う。すごく怒られたりもしたけど、やっぱり、NECに入って、そして全日本に呼んでもらえたのが、今の私の原点になってる。その出発点がなければ、柳本監督との出会いもなかっただろうし、もう一度全日本でプレーすることも、なかったんじゃないかと思う。それどころか、今ごろ、バレーをやっていなかったかもしれない。

シドニーの世界最終予選やその後の世界選手権は、もう、本当に地獄みたいな記憶だけど、でも、それがなかったら、今の自分はいない。絶対的なものだと思う。

柳本ジャパン本格始動

柳本ジャパンの本格デビューは、2003年11月に開幕したワールドカップ。東京・代々木第一体育館は、超満員の観客であふれていた。

「ニッポン、チャチャチャチャ！」

が折り重なって、ただの絶叫にしか聞こえないくらい。

柳本ジャパンがスタートして、私はライトでコートに立つことになった。コウやカナ、それにレオさん（佐々木みき）が、レフトに入ることになったからだ。

「お前は、ライトや」

6月のヨーロッパ遠征の時、柳本監督からそう言われて、頭が真っ白になった。ずっとレフトでやってきたから、例えば、ブロックアウトをとるのだって左右反対になる。テンさんのトスにジャンプしてから、あれ、どっちだっけ？　みたいな感じで戸惑ったりもした。

でも、ブロックアウトをとる技術そのものは、まったく変わらない。とんでから、ブロックを見ながら瞬間的にバチン！ってやるだけ。それに、センターのトモさんと、スギちゃん（杉山祥子）との絡《から》みにしても、すごく重要な役割をしなくてはいけない。やりがいのあるポジションだということは、わかっていたつもりだ。

テンさんの対角だから、私のブロックの上から打点の高いスパイクが打ち込まれても、きっとテンさんが拾ってくれる。そんな信頼関係もあった。

ワールドカップの初日、トモさんの顔つきが変わった。戦いに挑む戦士の顔だ。

日本は、アルゼンチンとエジプトをそれぞれストレートで破った。そして、韓国戦。柳本ジャパンになって、いちばん変わったのが、もしかしたら日韓戦かもしれない。それまでずっと韓国には負け続けてきたのに、ワールドカップ2カ月前のアジア選手権で、ついに韓国に勝ち、中国に継いで2位になった。韓国はベテラン勢をもう一度戻して、ワールドカップに臨んできた。それだけ、必死だったのだ。その韓国に私たちは、最後まで粘って勝利した。フルセットまでもつれた、苦しい戦いだった。

ほかにワールドカップで思い出すのは、ポーランド戦とキューバ戦で勝ったこと。もう、どっちもやっぱりすごく苦しい戦いだった。フルセットまでいって、最後の最後までわからない試合展開。でも、最後には勝った。

ポーランド戦で勝った後のコートインタビューで、フジテレビのアナウンサーが思わず涙で言葉に詰まっちゃった。私の目の前でマイクを持ったまま「うっ、うっ」って、言うから、もう、何にも考えずにそのマイクを横取りして
「みなさーん、ありがとうございました！」

それから仲間にアナウンサーの代わりにインタビュー。もう、体育館全体が大盛り上がり。お父さんの血を引いてるから、ついサービス精神が前に出ちゃった。

フルセットで勝ったキューバ戦の後には、今度は、直前にケガで全日本から外れたヒロ（鈴木洋美）のために、コートでメンバー全員で「ハッピーバースデー」を歌った。その日は、ちょうどヒロの誕生日。ヒロは全日本から外れたけれど、チームに帰らずに、会場に来てくれた。私はその日、ヒロに言っておいた。

「絶対に勝つからね！」

約束を守れて、よかった。勝利をプレゼントできて、本当によかった。

とはいえ、結局日本はブラジルとイタリア、中国に負けて最終5位。04年のアテネオリンピックの出場権はとれなかった。もう一度、戦わなくちゃいけない。あの、4年前と同じ世界最終予選という舞台で。

不安な日々

ある意味、ここからが本当の戦いだったのかもしれない。

世界最終予選。アテネオリンピックへの関門、シドニーオリンピックの時に目の前で夢が断ち切られた鬼門《きもん》。Vリーグのシーズンが終わって、もう一度全日本に集まってからの合宿は、まさに地獄の特訓だった。何がって、精神的に。これでいい、これで満足なんてことは絶対にないから、自分の感覚を研ぎすませて、カラダがその感覚をしっかり覚えておけるようにしなければならない。

でも、この頃、柳本監督はチームをいったんバラバラにした。選手のポジションやローテーションのセットを、一定に決めない。スタメンも全然決めない。決めないから、なかなかコンビの練習もこれでいい、というふうにつめられない。今でこそ、それがショウちゃん流のやり方なんだって、多少はわかるようになったけど、その頃は、まったくわからない。まだ、チームとしても何も構築されたわけじゃないのに「いったい、私はどうすれば、何をすればいいの?」って、クエスチョンマークが頭の中にぐるぐるしていた。自分の立場もわからない、柳本監督が目指していることも、わからなかった。

それで、ある日、しびれを切らして、柳本監督に直接聞いた。その時は、大阪・貝塚のトレーニングセンターではなくて、どこかのホテルにみんなで滞在している時だったと思う。夜遅かったけど、泊っているホテルのラウンジみたいなところで柳本監督に会った。

「監督は、どういうつもりなんですか。何がしたいんですか」

世界最終予選まで、もう時間がない。チームのスタメンが決まらないということは、一人ひとりがすべきこと、役割の確認もできない。自分としては、それがすごく不安なんだと、必死に柳本監督に問い詰めていた。

シドニーの時の世界最終予選の苦い記憶がある。だから、私にとって、最終予選は特別な大会。だいたい、私はこう見えて〝びびり〟だから、自分自身が不安でたまらない。自分が何をしたらいいか。そうして、今のままで本当にチームとして大丈夫なのか。

「大丈夫だ、シン。オレはちゃんと考えてる」

あれこれ試しているうちは、私たち選手はただ不安でしかない。

「お前はシドニーの最終予選の厳しさを体験しているから不安なんや。それはオレにもよーくわかる。オレもそろそろ本格的なチーム練習をしようと思ってたところや」

その言葉を聞いて、初めてわかった。監督の中には、いろいろな組み立てがあるんだ。それをひとつずつ、監督はクリアにしていってるところなんだ。そうして、私がシドニーの苦い経験をしているからこそ、不安に思っていることを、監督は心底わかってくれていた。

「シン、オレは絶対にみんなをオリンピックに連れてってやるからな！」

その時、監督は具体的なことは何も言わなかった。でも、人間って、何か伝わるものなんだなって思った。私が、思い切って直接聞いたことで、監督が心の中でいっぱい考えているってことが、本当に伝わってきた。監督が言う通り、大丈夫なんだっていうことを、直接感じることができた。

これまでの人生だって、自分が疑問に思ったり感じたりしたことは、素直に人に伝えてきたとは思う。でも、この時、監督の目を見て話すことで、互いの心の中にあるものが、伝わったたって感じた。

この一件から、私はすーっと練習に集中できるようになった。そもそも、柳本監督って、すごく個性を生かしてくれる。それまでだったら怒られていたような状況でも、ショウちゃんは、

「ああ、もう、シンはほっとけ」

って。そうなると、私も自然と自覚が出てくる。ちゃんとやらなくちゃって。ショウちゃんが「ちゃんとやることは、やれよ」って心で思っていることが、私に伝わってくるから。チームの中にいても、自分でやるべきことは自分で管理しなくちゃいけない。当たり前だけど難しい、このベースを教えてくれたのは、ショウちゃんだと思ってる。

トモさんという人

みんな、すごい練習量だった。

通常、全日本合宿での全体練習は、休憩をはさみながら、午前9時から午後5時まで。その中には、ボール練習だけではなくてウエイトトレーニングも入ってる。でも、そこでは、当然チームとしての練習になるわけだから、個人がそれぞれ抱えている修正のための時間は含まれてない。だから、個人的に練習をしたい人は、夕食後や早朝に自主トレをすることになる。

トモさんとテンさんの自主トレの激しさは、半端《はんぱ》じゃなかった。朝5時にはもう体育館にいて、ボール練習を始めていた。朝5時に始められるということは、ネットを張って、テーピングして、ウォーミングアップもすでにやっているってこと。そのためには、やっぱり30分くらいは前から体育館にいなくちゃならない。

ショウちゃんが、選手のポジションやスタメンをぎりぎりまで決定しない方針だったから、トモさんはセンターだったり、ライトだったり、いろんなポジションをやらされることになる。だから、トモさんとしては、どのポジションであっても、絶対にテンさんときっちりコンビを合わせたかったんだと思う。

私？　早朝5時の練習はやらなかった。トモさんも、

「必要がなければ、人がやっているからといって、自分も引きずられて練習するようなことは、絶対にしないで！」

って、言ってたし。私は、その言葉通りだと思う。必要な練習内容や時間、量というのは、本当に一人ひとり違うものだと思うし、毎日カラダを酷使している選手にとっては、積極的に休ませるというアクティブ・レストだって、練習と同じくらい必要なこと。そうでなければ、体調を崩したりケガにつながってしまう。

トモさんのそういう厳しい部分に、すごく共感できた。トモさんは、絶対に自分に妥協しない人。背中で語るではないけど、それを地でいってたと思う。だからこそ、私も、ほかの選手たちもみんな、安心してついていけた。最初、すっごい怖い人というイメージだったけど、一緒にプレーできて本当によかったと思う。

アテネオリンピックへの道

そうして、5月。ついにアテネオリンピックの世界最終予選を迎えた。

初戦の相手は、イタリアだ。前年のワールドカップでも1対3で負けた。でも、今回は絶対に負けられない。

ホイッスルが鳴り、イタリアのサーブで試合が始まった。テンさんにきれいにボールが返る。走った。1本目、私のスパイクで先制点を挙げた。

この日、レフトに入ったのは、当時、まだ下北沢成徳高校3年生だったサオリン（木村沙織）とコウ。そして、センターにはトモさんとユウ（大友愛）。リベロにはなんと郁久さんが、急きょ入ることになった。世界最終予選に集まったファンの人も、多分、びっくりしたと思うけど、私たちにとっても、直前に決まった采配《さいはい》だった。

ゲームは1、3セットを日本がとって、2、4セットはイタリア。最終セット。絶対に落とさないぞって、みんなで拾いまくった。でも、イタリアも憎たらしいくらい粘る。そうやってシーソーゲームが続いた。でも、最後の最後は、コウがうまくブロックアウトを決めて、イタリアに競り勝った。

初戦は、すごく大事。勢いが、そのままその後のゲームにつながっていく。日本はその後、タイ、ナイジェリア、プエルトリコを下して、4連勝。そして対戦したのが、同じ4連勝してきた韓国だ。

韓国戦というのは、やっぱり特別。前年のワールドカップで勝ったからといって、全然安心できる相手じゃない。シドニーの最終予選がふと頭のすみをかすめたけど、頭をふって、追い払った。

韓国のプレースタイルは、もう、典型的なアジア型。Aクイックや時間差といった速攻と、レフトへのトスも低く直線的な平行トスが中心。速攻、速攻で、なんとこの大会、ロシアもイタリアも破ってきたのだ。日本の持ち味でもあるスピードを、韓国が実践してる。だからこそ、よけいに負けられない。

この試合では、途中出場のレオさんのバックアタックが光った。速攻の韓国に対して、パワーのあるバックアタック。日本が、先に2セットを連取。

日本で開催される国際大会の日本戦では、いつも第2セットと第3セットの間に10分間のインターバルが設けられている。チアリーディングなどを披露する時間でもあるけれど、これが、選手にとっては頭を冷やして次のゲームに向うための重要なアクセントになっている。

先に2セットをとったけど、私たちは、全然安心してなかった。これで大丈夫なんて、これっぽっちも思わなかった。バレーは、先に2セットをとられても、続く第3、4セットを取り返したほうが、勢いをそのままにフルセットで勝利するなんてことも多い。そうならないなんて、誰にも言えない。

でも、この時の日本は、ミスをしてもズルズルと引きずられてしまわない強さを、ちゃんともっていた。2セット目まで完全に抑えてきた韓国に、3セット目も暴れさせるスキを与えなかった。24対15のマッチポイント。東京体育館には、「ニッポン、チャチャチャ！」の応援が、ひとつになってコートに降り注いでいる。レオさんの、ジャンプサーブ。高く上げたボールに向ってステップを踏む。強烈なスイング。バックアタックのようなサーブは、韓国のコートのど真ん中に突き刺さった。ゲームセット。日本は、ストレートで韓国を下したのだった。

この韓国戦での勝利によって、ついに、私たちは、アテネへの出場権を手にした。すっごく長かった。シドニーの時の屈辱に、この時やっと、幕が引かれた気がした。

一生忘れられない衝撃

「ヤーサス！　ヤーサス！（こんちには）」

ギリシャ・アテネの真っ青な空の下、オリンピックの競技場や選手村では、ボランティアのギリシャ人たちが、みんな、私たち選手に、明るく挨拶をしてくれる。

開会式の翌日に、予選ラウンドはスタートする。本当は、単純に試合のことだけを考えれば、夜遅くから始まる開会式に、選手は出ないほうがいい。実際、ほかの競技の日本代表選手の中には、試合スケジュールを考慮して開会式には参加しなかった人たちも大勢いた。

でも、私たち全日本バレーボールチームは、全員、入場行進に出場した。柳本監督が、

「開会式は、絶対に感動する。オリンピックのすごさを直接感じとって来い！」

って、あえて、開会式の参加を決めたのだった。柳本監督も、かつては１９７６年モントリオールオリンピックの日本代表選手だった。オリンピックが特別な舞台だと

いうことを、肌で知っている人だったから、その〝特別な空気〟を私たち全員に体験させたいと、決めてくれたのだ。

選手の中で、オリンピックを経験しているのは、バルセロナ、アトランタの2大会に出場したトモさんと、アトランタに出場した郁久さんのふたりだけ。私を含めたほかの10人の選手にとっては、文字通り、初めてのオリンピック、初めての入場行進だった。

「ジャパン！」

とコールされて、フィールドに足を踏み入れた瞬間、鳥肌が全身に立った。一生忘れられない衝撃だと思った。これが、オリンピック。これが、世界の頂点なんだ。

初めて味わう恐怖心

開会式が終わって、選手村に帰ったのは深夜。だけど、私たち選手は、もう明日の初戦のことで頭がいっぱいだった。しっかり眠らなくてはいけないけど、頭だけが高速回転しているような感じ。そうしているうちに、気がつけば朝だった。

群青色《ぐんじょういろ》のエーゲ海が見える体育館について、バタバタと試合前の準備を始める。テーピングをしたり、ストレッチを始めたり。場所が違っても、こうしたルーティーンは変わらない。変わらないことをひとつずつこなしていく中で、それぞれ試合に向かう気持ちを盛り上げているんだと思う。

気持ちは、ズンズンと上がっていった。予選のグループリーグ、初戦の相手は、前年のワールドカップで中国に継いで2位になったブラジルだ。気持ちの上では、「絶対に負けない！」って、ギュッとこぶしを握りしめていた。

コートに入ると、観客席から日本の応援団が「ニッポン、チャチャチャ！」って声援を送ってくれるのがわかった。でも、すごくまばらで、いつも日本でやっている大会の時とは全然違った。日本のほかには、ブラジルの応援もいるけれど、体育館はガラガラという印象だ。

もちろん、今までだって、日本以外での国際試合は何度も経験してる。だから、日本人サポーターや観客が少ないことも、当たり前と受け止めていた。

試合直前、両チームの公式練習もいつも通り。ホイッスルが鳴り、全員がいったんベンチに下がる。スターティングメンバーがコールされた。

「ピーッ！」

試合開始のホイッスルが鳴り、コートの真ん中に向かう。キャプテンでセンターのトモさん、その対角にユウ。セッターはもちろん、テンさん。レフトは、コウとカナ。そうして、私。いつものように円陣を組む。トモさんが、叫ぶ。

「みんな、行くよ！」

両手をあげて、6人でハイタッチをする。この瞬間、ものすごい違和感に襲われた。なんなんだ、この感じ。ついさっきまで、ウォーミングアップしてる時も、公式練習でスパイクを打った時にも、何も感じなかった。それなのに……。

それは、真綿《まわた》で締めつけられるような初めて味わう恐怖心だった。

テンさんのサーブで試合開始。作戦通りにいつもピンポイントで狙い撃ちする、テンさんのジャンピングフローターサーブが、ブラジルコートのエンドラインを超えた。サイドアウトで日本のサーブレシーブ。1本目、テンさんのトスが私に上がった。得意のストレートを放ったつもりが、アウトになった。それから、ブラジルのスパイクが決まって、郁久さんがレシーブミスして……。あっという間に連続失点して、柳本監督が、すぐにタイムアウトをとった。

でも、覚えてるのは、そのくらい。自分では、緊張してるつもりは一切なかった。それなのに、足元がすごくフワフワしている。なんだ、これ!? どうしちゃったんだ、私って。そうして、気がつけば1セット目は21対25でブラジルに取られた。

その後も、チーム全体の歯車が嚙み合わないまま、22対25、21対25であっけなくストレート負けを喫《きっ》してしまった。初戦が大事なのは全員がわかっていた。世界ランキング2位のブラジルに、どんな形であれ、競り勝つことができれば、あるいは仮に負けたとしても、自分たちらしさを十分に発揮することができれば、次につながっていく。誰もが、そう思ってた。だけど、結果は惨敗だった。

2戦目は、イタリア。世界最終予選の初戦でフルセットながら、勝星を挙げた相手だ。ブラジル戦での悪いイメージをなんとか払拭《ふっしょく》したい。そう思って、スタメンとして、エンドラインに並んだ。気持ちでは、緊張しているつもりは、やっぱりなかった。だけど、試合開始のホイッスルが鳴って、コートに足を踏み入れると、またしても、あのフワフワとした感覚に全身が締めつけられていた。

イタリアは、完全なデータバレーを展開。完ぺきに、サーブで私を狙ってきた。サーブレシーブは私の大事な役割でもある。レシーブ力のあるリベロの郁久さんのところには、ほとんどサーブがいかず、ひたすら私をマークしてきた。「執拗《しつよう》」って言葉がぴったりだ。ちょっとでも、私のサーブレシーブが乱れれば、日本は得意のコンビネーション攻撃ができなくなる。それが、イタリアのデータバレーの狙いなのだ。

ついに、私は、サオリンと交代させられた。ベンチに下がっても、あの奇妙な緊張で頭の中が真っ白になっていた。

イタリアには、ブラジル以上の点差をつけられ、結局、ストレート負けに終わった。

これがオリンピックなんだ

3戦目は、ホームのギリシャ。女子チームは、オリンピックに向けて強化してきたという、比較的新しいチームだ。それだけにそのポテンシャルはまったく計り知れない。とはいえ、第1セットは、なんとギリシャを10点で抑えた。コウのジャンプサーブやレオさんのバックアタックが決まって、やっと日本らしさが戻ってきたかと思っていた。

が、そんなギリシャに2セット目をとられ、その後もシーソーゲームで展開。さすがにギリシャ戦では、体育館はギリシャの応援一色に染まっていた。完全アウェー。日本で開催される国際大会で、自国の応援が少ない国は、いつもこんなふうに感じていたのだろうか。

第3、4セットを25対21、25対22で日本がとり、辛《から》くも、1勝を挙げた。

次は、韓国戦だった。ワールドカップに続いて、世界最終予選ではストレートで勝った相手だ。この日、前日の練習中に背中を痛め、コートに立てなくなってしまったユウに代わって、スギちゃんがスタメンになった。

しかし、韓国にも、ストレート負けした。ユウが出られなかったとか、そういうレベルじゃない。韓国のサーブが、すごく日本を研究していて、徹底的に崩された。テンさんにAキャッチ（セッターが定位置のベストポジションでセットアップできるような好サーブレシーブ）が返らない。テンさんが走り回って、それでも、テンさんの技量でレフトにきれいな2段トスを上げる。だけど、それこそが韓国の狙い。コウが打っても、レオさんが打っても、粘り強いレシーブで拾われて、カウンターで日本は切りつけられたという感じだった。

韓国選手の目の色が、もう全然違った。これがオリンピックなんだって、韓国選手の目を見て、改めて思い知らされた。

予選のグループリーグ最後の相手は、ケニア。アフリカ大陸の代表国ではあるが、世界ランキングでは23位のケニアに、日本は25対8、25対17、25対14というスコアで勝利した。

このままでは終われない

グループリーグ4位の日本は、もうひとつのグループリーグ1位の中国と決勝トーナメントで対戦することになった。今度負けたら、次はない。初めてのオリンピック。失うものなんか、何もない。もう後は、日本らしさを思いっきり出して、死んでもいいから、戦うだけ。

予選のグループリーグでずっとちぐはぐしていたチームの歯車が、この中国戦で、やっとカチッとはまったような気がした。

1セット目、中国は日本が得点しても、どこか余裕の不敵な笑みを浮かべていた。

「コンチクショー！　絶対にその顔を、ひきつらせてやる!!」

そう思い、中国の強烈なジャンプサーブや、ピンポイントで狙ってくるフローターサーブに、私は真っ正面から向かっていった。キャッチ（サーブレシーブ）がしっかりテンさんに返れば、カナが大砲のようなスパイクを決められる。トモさんがスピードのあるブロードを決められる。そうして、私もコートの左右を思いっきり走って、みんなと絡んだコンビバレーができるのだ。

2セット目。ユウのブロードが決まって、13対14と1点差に詰め寄った大事な場面。ユウはサーブのローテーションで後衛に下がり、変化するフローターサーブを中国のコートに放った。狙い通り、中国らしい攻撃ができず、日本にチャンスボールが返る。が、レフトのカナのスパイクがブロックにかかって、サーブ権は中国に。

いつもなら、センターのユウが後衛に下がると、リベロの郁久さんと交代する。でも、この時には、ユウは交代しない。日本は、中国のエース、ヨウ・コウのジャンプサーブを上げると、テンさんはネットから離れたライト方向に鋭い平行トスを上げた。ユウが走る。ユウが片足で床を蹴る。ドンピシャで、スイング。ユウのバックブロードが、中国のコートに突き刺さった。中国の選手たちが、

「今の、何?」

という顔をした。1セット目までの余裕の笑みは、もうなかった。やっと日本らしさ、新しい秘密兵器を出せた瞬間だった。予選のグループリーグでユウが背中を痛めて、ギリシャ戦、韓国戦に出場できなかった。そのうえ、私はサーブレシーブを徹底的に狙われて、ちっともテンさんにAキャッチが返らなかったために、これまでやれ

なかった攻撃を、世界ランキング1位の中国を相手に、見せつけることができた。

それでも、結局、対中国戦は20対25、22対25、20対25のストレートで負けしてしまった。けれど、最後の最後に、日本が中国から笑みを浮かべる余裕を奪った。本気にさせたという手応えは確かに残った。もちろん、負けは負けだけど……。日本は、イタリア、アメリカ、韓国と並び、最終5位という成績に終わった。

こうして、日本チームの、8年越しのオリンピックは幕を閉じた。

オリンピックに出たい。シドニーの世界最終予選で出場権を逃した時から、ずっとその思いでひた走ってきた。そうして、オリンピックに出場した。けど、いったい、私は何をこのオリンピックで得たのだろう。あの、足元がフワフワと地につかない、今まで感じたことのないプレッシャーを感じて、そうして、自分を見失っていった。こんなはずじゃないんだ。オリンピックで戦うこと、自分の手でしっかりと勝利を勝ち取ること。その意味を、もう一度、オリンピックでやり直さなくちゃいけないんだ。

だから、このままでは終われない。

第4章

イタリア武者修行

心の弱さを感じたアテネ

アテネオリンピックで、私はまったく思うようなプレーができなかった。あの時、最高の舞台に立っているのに、なんで、私はこんなにびびったんだろう。本当に地に足がついていなかった。なんだ、これって。自分でもビックリ。予選のグループリーグから、中国と対戦した決勝トーナメントまで、全部の試合でそうだった。

そんなの、初めてだった。コートに入場する前も、公式練習でも、「やるぞ！」って、すごいテンションが上がっていたのに、いざ、エンドラインに並んでホイッスルが鳴った途端、ダメになった。それが毎試合続いて、すごいイライラしたというか、歯がゆいというか。私って、なんて弱い人間なんだって、打ちのめされた。

日本に帰ってきてから、このまま同じ環境の中でずっと続けていて、それでオリンピックの舞台で感じたような自分の弱さを克服できるんだろうかって、すごく自問自答していた。このままで、自分を変えていけるのって……。

以前、イタリア・セリエAでプレー経験のあるトモさん（吉原知子）からは、

「シンもイタリアでプレーしたらいいよ。すごく勉強になるよ」って、言われたことがある。その時には、「行ってみたいけどな」くらいの軽い気持ちだった。それが、オリンピックが終わってから、急に現実味を帯びて具体的になっていった。

言葉も通じない環境にポーンと入った時、自分が変わるかもしれない。少しは鍛えられるかもしれない。プレーもだけど、精神的に鍛えるには、そうした自分にとって困難な状況を作り出すことが、いちばんじゃないかって思ったのだ。

日本はある意味、居心地のいい環境だ。その中で、自分を大きく変えていくのは難しい。というか、できないんじゃないかなと感じていた。イタリアに行くと決めたのは、そこで日本と同じようにプレーができる、活躍できるとは限らないけど、とにかく勉強だけはできるんじゃないかと思ったから。

だから、イタリアでプレーすることになった最大のきっかけは、アテネオリンピックということになる。

NECは本当に大切なチーム

アテネオリンピックに出場することになる以前から、漠然《ばくぜん》と海外でプレーしてみたいという興味はあった。それこそ、小学1年生の時から日本でバレーをやってきて、ある意味、同じことの繰り返し。レギュラーでコートに立って、Vリーグが終われば全日本で活動する。そんな中で、何か違う環境というものに自分をおいてみたいという気持ちがあった。

全日本の選手として海外で大会に出場した時に、外国チームの選手とコミュニケーションをとることも多少はある。アメリカの選手やヨーロッパの選手がイタリアのセリエAでプレーをしているという話も聞いたりしていた。もちろん、日本にいて学ぶこともたくさんあるけど、海外というまったく違う環境に身を置いたら、すごく新しいことが学べるのではないかと、思っていた。

チームのNECにも、そういう話はしていた。海外のチームでプレーしてみたいって。アテネオリンピックが終わった直後くらいに、一度、スペインのチームからオファーがあった。それがきっかけになって、具体的に考え始めたというのが、本当のところ。ああ、自分にも、こうやってオファーが来るんだなって。

ただ、その時には、アテネオリンピックの直後で、Vリーグもスタートしたばかりだから、チームときちんと話もしないでバタバタとスペインに行っちゃうというのは、何か違うと思っていた。だって、NECは、自分を育ててくれた、本当に大切なチームだから。突然、残される後輩や、仲間にも失礼だなと思っていたから。しかも、当時はキャプテンで、そういうけじめをつけずにチームを離れることはよくないって、思っていた。

ただ、チームには、次にそういうオファーがあった時には、海外で勉強したいという自分の意思は伝えておいた。チームスタッフも、いろんな情報を集めてくれたりした。そして、オリンピックの翌年、2005年のワールドグランプリの前に、イタリアのヴィツェンツァからオファーが来た。

当時、はっきり言って、ヴィツェンツァというチームについて、自分自身まったく予備知識がなかった。オファーが来てから初めてどんなチームなんだろう、今、セリエAの中でどのくらいのポジションなんだろうって、インターネットなどで調べ始めたくらい。ただ、ベルガモとかペルージャとか、その他のセリエAのチームの名前は、イタリアのナショナルチームの選手が所属しているので知ってはいた。

当時、NECの山田晃豊《あきのり》コーチが、バレーボール協会の派遣留学のような形で1年間、イタリアに滞在していたから、いろんな情報を教えてもらっていた。

本当は、自分からオファーを正式に受けたということをきちんと発表しようと思っていたのに、ヴィッツェンツァのサイトか何かに、「日本の高橋みゆき選手にオファーを出している」というような内容のことがアップされて、それがイタリアの新聞などに掲載されてしまうのが、先になっちゃった。6月、スイスでのモントルー・バレーマスターズの頃、イタリアの選手たちに、

「シンはイタリアに来るの？」

なんて、聞かれたりしていたから、

「まだ、わからない」

と、人には答えていたけど、でも、自分の中では、すでに心は決まっていた。

いつか恩返しがしたい

イタリアでプレーするにあたっては、所属チームのNECとの話し合いで、1年間という期限付きのいわゆるレンタル派遣のような形になった。私としては、本当は戻るチームが存在すること自体が、自分に対する甘えにつながってしまうのではないかと、迷いもあったけれど、私は高校を卒業してからNECにずっと育ててもらってきた。お世話になってきたし、本当に自分のチームという気持ちがある。だから、完全に切り離された厳しい環境に身を置いてみたいという考えと同時に、イタリアで経験してきたことを、チームに恩返しとして伝えたいという想いもあった。

両親の反対も、もちろんあった。お父さんからは、

「NECからも全日本からも、それなりの評価を受けているんだろ。何のためにイタリアへ行くんだ。そういう日本のすべてを全部捨てて、イタリアに行くことで何を得ようって言うんだ」

って、すごく問い詰められた。でも、なんか、この時「オリンピックでびびった自

分を変えたい」なんて、そんなことを言葉にしても、うまく伝わらない気がして、それで、じっと黙ったままだった。お父さんは、

「NECが了解したのなら、いいけど」

って、最終的に言ってくれた。お父さんとしては、絶対にNECがイエスと言うわけがないって、思っていたんじゃないかな。だから、チームが了承したと話したら、けっこう、あせっていたような気がする。チームも、お父さんも、きっと私がすぐに音《ね》を上げて戻ってくるんじゃないかって、そう、考えていたんじゃないかと思う。

いずれにしても、最終的に1年間の期限付きだろうが、何だろうが、イタリアに行こうって決めたのは、やっぱり自分自身の決断なのだ。

言葉のカベ

いちばん心配だったのは、やっぱり言葉。イタリアに行く前にイタリア語の本を買って、挨拶の仕方だとか、少しは勉強しておこうと思ってやってたけど、こんなの、ただ、覚えてもしょうがない。もう、出たとこ勝負だなって思って、そのまま行っちゃった。

イタリアに行ってすぐは、イタリア人の男性が通訳でついていた。でも、その人は、単に自分が日本語を勉強したいだけって感じで、あんまり通訳として意味がないようだったから、チームの会長さんに、

「もう、いいです。自分で勉強しますから」

って、言った。そうしたら、偶然、近くに日本人の女性でイタリア人と結婚した人がいるということがわかって、彼女に先生になってもらって、勉強することになった。毎日2時間くらい教えてもらって、それを日常で使ってみる。実際にしゃべるしかない。それしか覚える手段がないし、間違えても、しゃべっちゃえ、って感じだった。

とはいえ、実際には、チームでのコミュニケーションがもっとも大事で、そこがいちばんの勉強の場でもあった。とりあえず、何かを伝えたいと思ってしゃべり始めれば、みんなもちゃんと聞こうとしてくれるし、待っててくれるし、間違いを指摘してもくれる。

最初はバレー用語から覚えていった。高め、低めとか。イタリアって、オープントスで一発ガン！みたいな攻撃ばっかりだから、あんまりトスに対して高いとか低いとか要求することがない。オープンのことは「チンクエ（イタリア語で5という意味）」とか「アルタ（高く）」って、言う。平行トスは「スーパー」。

「シン、スーパー！」

みたいな感じ。イタリアでは、チーム内の攻撃パターンのサインが全国どこも共通。しかも口に出して「ウノ（1）」「ドゥエ（2）」とか、言う。それじゃ、相手チームにわかっちゃうよ、という感じだけど、誰も気にしてない。私としては、日本に帰ってきてから、イタリアと対戦する時、すごく役に立ったけど。

言葉がまだまだできなかったころ、いちばんきつかったのは、データを説明してくれる時。ミーティングで相手チームのデータのことや、それによってチームがどう動

くかという戦略の話を監督がするような時だ。ヴィッェンツァのベネッリ監督は、すごく早口で、バーッといっきにしゃべって、

「シン、わかった？」

って言うんだけど、最初は「わかりませーん」ばっかり。でも、さすがに、2年目は、そういうことも、ずいぶんスムーズにわかるようになったかな。

何しろ、言葉が伝わらないって、すごくイライラする。最初の頃は、どうしても自分の気持ちが言葉にできなくて、思わずボールをバーンって、壁にぶつけたりした。みんながびっくりして
「シン、どうしたの？　何を言いたいの？」

って、それでもう一度、一生懸命コミュニケーションしたりもした。

充実感いっぱいの毎日

1年目のイタリアでは、イタリアのナショナルチームのリベロにもなっていたモンキーというニックネームのチームメイトと一緒のアパートに住んでた。彼女は、当時まだ19歳だったけど、すごく大人で、イタリアでの生活のことやチームのこと、もちろん、言葉もいろんなことを教えてくれた。

アパートの生活では、パスタを作ったり、当然自炊。でも、すっごい新鮮だった。日本だったら、チームの寮にいて、食事の心配もいらない。生活が煩《わずら》わしいと思うことって、ほとんどない。だけど、イタリアでは全部自分でしなくちゃいけない。

ヴィツェンツァではチームが小さいフィアットを用意してくれていて、それで毎日自分で運転して体育館に行く。高校3年生の時に免許を取得して以来の運転みたいなものだから、もう、最初はすごく怖かった。しかも、右側通行だし、ヨーロッパ特有のラナンバウトの交差点(サークルを回りながら、行きたい方向へ抜け出す)なんか、ちっとも入れないし、入ったら入ったで、今度はどこで曲がればいいか、わからない。

もちろん、こすったり、ちょこっとぶつけたりもある。だから、2年目には、自動車だけじゃなくて自転車を用意してもらった。体育館まで、天気がよければサイクリング。そのほうがカラダにもいいし、トレーニングにもなる。

通常、練習は火曜から土曜日まで。日曜日にレギュラーシーズンの試合が、ホームかアウェーである。コッパ・イタリアの試合が別にあるけど、それは、月に1回、水曜に試合が開催されるくらいの頻度。月曜は、オフ。1シーズン、だいたい60試合くらいの試合数になる。

練習は、午前中に2時間、夕方から夜にかけて2時間半。午前中はボール練習とウエイトトレーニングが半々くらい。スケジュールそのものは、日本にいる時と、それほど変わらない。週の半ばに午前中だけ練習がオフという日もある。遠い場所でのアウェーの試合の日は、土曜から移動するということもあるけど、それ以外は、けっこう、じっくり自分たちの体育館で集中して練習できる。いいペースだと思う。

オフの日は、みんなそれぞれ本当に好きなことをしてる。私は、だいたい車で大きなスーパーマーケットにお買い物。練習のある日も、お昼ご飯はたいてい、自分で作る。その後、イタリア語の勉強をするのが日課だった。

練習では、遅刻をすると罰金があるというところが、プロっぽいというか、ユニークなところ。遅刻の常習犯みたいな選手もいるけど、私は遅刻はしない。それ以外は、本当にみんな何をしても自由。自己管理の世界なので、友だちと飲みに行ったりも普通にしている。

もう、本当にイタリアに行ってから、毎日がものすごく大変だけど、ものすごく新鮮だった。あまりにも覚えることが多いし、やることなすこと初めてのことばかりだったけど、それ以上に、こんなに充実してバレーをやったのは、いつ以来だろうって、思うくらい。

ものすごく大変だし、頼りになる人もそばにいるわけじゃないけど、それでも、日本に逃げ帰りたいなんて、これっぽっちも思わなかった。多少は日本食が恋しいとか、日本の友だちはどうしてるかなと、思うことはあっても、それは帰りたいというのとは全然違う。メールで連絡をしたりすることも日常的にできたし、家族や友人やチームの人が日本食をいっぱい送ってくれた。

大変さを含めて、24時間、自分のバレー生活、バレー人生を送ってるっていう充実感でいっぱいだった。言葉が通じなくて、ああ、もう、どうしようって思うことがあ

持ち前の明るさで、イタリアのチームでも人気者

っても、どんなに練習や試合で疲れていて、食事を作ったり洗濯をしたりするのが面倒だと思っても、そういうこともひっくるめて、全部、自分が決めたこと。自分で選んでイタリアに来たという、その一点に行き着く。

日本では確かに生活面や言葉で苦労することはない。だけど、いろんな雑念が入って、バレーに集中できないという一面もある。与えられた環境に甘えている自分がいたことに気づかされた。イタリアでは、そういうのは一切なし。全部自分がやらなくちゃ、何も始まらないし、やった分だけ、自分に何かが返ってくる。大変さを求めて、そこでの経験を求めて、あえて日本をとび出したのだから。

勝負どころの1点を取るために

イタリア人って、本当に思ったことをそのまま、口に出して表現する。今のプレーはよくないとか、そう動くんじゃなくて、こう動けとか。悪いプレーについては、どうしてそれが悪いのかといったことを、その場でどんどん確認していく。だから、すごくわかりやすい。イタリア人同士で、すっごいケンカとかもする。そこまで言わなくても、と思うような激しい言い合いをする。でも、それもこれも、みんなチームがよくなるためにしていること。彼女たちは、全員がプロだから、チームがよくならなければ、あるいは、選手として半端なプレーをしていれば、「明日からもう来なくていいよ」って、そのひと言でクビになってしまう。そういう厳しい世界で毎日、しのぎを削ってる。そういうのを、間近で見ることができた。

反対に、すごくいいプレーについても、同じくらい表現する。

「いいね！　今のプレー、シン！」

なんて言われると、本当に自分がすごくいいプレーをしたって、素直に思える。それはそれで、すごくうれしい。

１８０㎝、１９０㎝台の選手が大勢いるイタリアに来て、それでも、私はレフトに入った。１７０㎝の私がですよ。最初は、ヴィツェンツァのセッターと直線的な平行トスが合わないこともあったけど、練習しているうちにそれが合うようになり、チームの武器になってきた。なぜなら、そういう攻撃をするプレーヤーが、イタリアにはほとんどいないからだ。

でも、その一方で、改めて、自分のブロック力が足りないということを痛感した。チームメイトも、手のひらの真ん中あたりのところに指で線をひっぱって、ネットの高さを表現して、冗談でバカにするんですよ。私のブロックが低いって。

日本にいる時にも、私は背が小さいのだから、高い選手ほどブロックでシャットできなくてもしょうがないじゃない、という気持ちがどこかにあった。でも、イタリアに来て、いやというほど「ブロック、ブロック」と言われ続けていたら、チクショー、それなら、絶対、全部止めてやる！という気持ちになった。そう思うようになったら、冷静にどうとぼうか、どうやったら高い打点のスパイクを止められるようになるか、考えるようになる。タイミングとコースをしっかり読むことに、真剣に向き合うようになった。あるいは、完全にシャットできなくても、ワンタッチをとれれば、相手の打つコースを限定させることができる。

日本でも、イタリアでも、シンは小さいからブロックは止まらない、後ろでレシーブすべきものという暗黙の了解があって、自分もそれに甘んじていた。でも、それって、本当に悔しいし、もったいない。それもこれも、イタリアに来て、死ぬほど「ブロック、ブロック」って言われなかったら、絶対に気づかなかった。自分の考えを変えるきっかけになった。

だから、コンチクショー、今度はブロックで賞をとってやる！という気持ちなんですよ。練習でも、ムキになってやってた。これまで、レシーブやスパイクなんかと違って、ブロックではそこまで工夫しようと考えたことがなかった。ボールを見て、セッターを見て、それからスパイカーの心理を考えてとぶとか、その位置やタイミングを必死に考えて分析するようになったのは、初めてのことだった。だいたい、小さいから止まらないと思われていること自体、ハートに火がつく。背の高い選手たちはブロックが止まらないと、仲間や監督から思いっきり言われるけど、私が止まらなくても、別にあまり誰も気にも留めない。それは、期待してないから。でも、それって、とても悔しい。コノヤロー、絶対に止めてやるんだって思うようになった。

そうは言っても、やっぱり私の手の上からバコンって打たれることもある。それが理由で後衛の時だけコートに立つということがあっても、それなら、今度は絶対にレシーブで拾いまくってやるって思う。

これまで、日本ではスタメンじゃないことって、ほとんどなかった。NECに入ったばかりの新人の頃は別として、イタリアでは、途中出場もたくさんある。そんな時、私に何を求められているのか、この場面で途中で出るなら、何をするべきかを一生懸命考える。やるべきことが、瞬時に判断できるようになった。

1年目にイタリアに来て思ったのは、それまでの全日本では、ここいちばんという時の1点がとれないことがいっぱいあった、ということ。とらなくてはいけない1点がとれないのは、実は自分との勝負に勝てていないということ。もちろん、バレーボールは6人でプレーする競技だから、たったひとりでどうにかできるというわけではない。でも、ひとりの意識が変わっていけば、それがコートにいる6人全員に伝わっていく。それが、最後に1点を取る力になる。

私は、その1点を取るために、イタリアに来たと言っても、過言ではない。

日本人でよかった

イタリアに来て実感したのは、イタリアはデータバレーの国だということ。

相手チームのデータを分析するというのは、どこの国でもやってるし、もちろん、日本だって、最新のコンピュータシステムを使って緻密に分析してる。

その蓄積したデータを、どうコートで生かしていくのか。イタリアでも、データに基づいた監督からの指示というのは、実は「誰それのスパイクは、ストレートをしめて」とか、言葉としては、そのくらい簡単なものだったりする。日本でも、あまり変わらないように見える。

じゃあ、イタリアのデータバレーの何が、違うのか。

それは、コートに入った選手たちが、出された指示をどれほど徹底させているかという、その一点に尽きる。

日本では、同じように「誰それのストレートをしめて」という指示があっても、実際にはストレートのスパイクをブロックできず、まっすぐに打ち込まれたりすること

がある。イタリアで、ストレートをしめろという指示でストレートに抜けてきたりすると、

「しめろって言ったじゃない！」

って、すごい罵声《ばせい》が飛んでくる。反対に、ストレートをちゃんとしめておいて、クロスに打ち込まれたスパイクを後ろのレシーバーが上げられないと、

「コースが決まってるんだから、ちゃんと上げてよ！」

と、ブロッカーがレシーバーに怒る。つまり、指示通りに6人全員が動いて、組織として実現できているかどうか。それが徹底しているんです。

試合の時だけじゃない。練習でも、できていなければ、ガンガンに攻められる。レシーブフォーメーションだけじゃなくて、サーブやサーブレシーブでも同じ。センターを狙ってサーブするということは、センターの選手にサーブレシーブをさせて、センター線の攻撃を封じ込めるのが目的。だから、サーブで狙っても、あっさりキャッチされた揚げ句、センターから攻撃されてしまうようなら失敗。きちんと、データ通りにプレーをして効果を上げられるかどうかが重要。

つまり、データバレーの実現って、実は選手の意識がどれだけ高いかってこと。イ

タリアでは、できないことに対する追求は、本当に厳しい。ミスそのものではなく、約束通りにやらなかったことに対する追求。選手同士で追求しあうことは、試合に勝つための不可欠なコミュニケーション。

最初は、正直「え、そこまで言わなくても……」って、ひきましたよ。日本人だから、そういうふうにストレートに言い合う習慣がなかったから。最初の頃は、自分が反論したくても、イタリア語が下手だから、なかなか思ったことが口に出せないイライラもあった。

でも、ずっとそういう練習や試合を重ねていったら、ある日、ふと、ちょっと待てよって思うようになった。ガンガン言われていること自体に腹を立てているのは、自分の間違いなんじゃないか。勝つために必要なコミュニケーションなんだから、それをしっかり受け止めるべきだってね。

選手同士が激しく言い合うこともあるし、監督にものすごく反論することもある。でも、それもこれも、みんな勝つためなんだ。そういうことが理解できるようになってから、自分の意識もはっきり変わったし、わからないことや反論すべきことは、つたないイタリア語でもコミュニケーションをとるようになって、自分からもプレーについての確認をしっかりしていくようになった。

1年目のイタリアから帰国して、全日本のメンバーにいちばんに伝えたいと思ったのが、このこと。

指示通りに動くことの大切さ。それを徹底させる意識。そして、それができていなければ、その選手に対してあいまいにせず、伝える努力をする。

「ストレートをしめて」という指示に対して、その通りにできない選手には、怒るべきだと思う。練習中はそういうことを忌憚《きたん》なく言い合える状態を作り出しておくことが、すごく重要。反対に、私ができていなければ、ガンガン言って欲しいって思うしね。言うほうにも、言ったからには自分もしっかりとやるという責任が生まれるでしょう。そうやって、徹底していくものだと思う。

でも、それをするのは、あくまでも、練習中でのこと。試合中にやるべきじゃない。試合はあくまでも、勝負している場。1点をとるために全員が必死になっているから、そこできつい言葉を浴びせることに、あまり意味がない。

はっきり言えば、今までの全日本では、そういうコミュニケーションがなかった。ただ、トモさんはそれをわかっていたひとりだと思う。トモさんもかつては、イタリ

テンさんとは、アイコンタクトがなくてもわかり合える

アでプレーした経験がある。だから、アテネオリンピックまでの期間、あれだけトモさんは自分自身にも、私たちにも厳しくなれたんじゃないか。今だからこそ、わかることがいっぱいある。最近になって、テレビの解説をしているトモさんに会った時に、

「あの頃の私って、チョー問題児でしたよね～」

なんて言ったりする。赤面するくらい、わかってなかったことがいっぱいあった。イタリアを経験した今だからこそ、トモさんのことが少しわかるような気がする。

しかも、今、私は全日本で、テンさん（竹下佳江）とともに、チームをひっぱっていかなくてはいけない存在。つまり、アテネの頃のトモさんみたいな役割なわけだ。選手だけじゃなくて、監督に対しても、自分が思うことはきちんと伝えるべきだと思ってる。

若い選手たちにこれだけはわかってほしいと思うのは、決して個人を憎くて言うわけではないということ。勝ちたいから、勝つために必要なことだから言う。そこをきちんと浸透させておかないと、チームとして崩れちゃう。きつい言葉も、言いっ放しではダメ。その分、コートを離れたら、バレーとは関係ないことで、バカを言い合える関係でいたいし、今の全日本はそれができるチームだと改めて思ってる。

それって、実は日本ならではの大きな魅力。イタリアではそういうのはあんまり感じなかった。基本的に個人主義だから、コートに立った時には勝つという目的に向かってひとつになるけれど、コートを離れると、バラバラ。もちろん、一緒にご飯を食べたり、飲みに行ったりとか、そういう時間もあるけれど、それはチームとしてではなくて、あくまでも個人としてのつきあい。それが、日本では、オフでの生活も含めて、チームとして全精力をバレーに向けて収束《しゅうそく》させていく感じがある。そういうチームとしてのメンタリティのよさみたいなものは、日本人特有だと思う。そして、それって、自分にとってもすごく大事な核になっていて、イタリアに行ってから、「あぁ、日本人でよかった」って痛感した部分でもある。

イタリアに旅立って初の国際大会

1年目のイタリアから帰ってきた2006年の秋。アテネオリンピック以来の大きな国際大会に臨んだ。世界バレー（世界選手権大会）だ。

オリンピックの翌年、イタリアにとび立ってすぐに日本で行なわれたワールドグランドチャンピオンズカップ（グラチャン）に、私は全日本の選手として出場していない。柳本監督やバレーボール協会の人たちが、私が勉強するためにイタリアに行ったばかりだから呼び戻さなかったとか、そんな話を聞いている。だから、私にとっては、文字通りオリンピック以来の大きな国際大会ということになる。

そもそも、世界バレーは、バレーボールの三大大会（オリンピック、世界選手権、ワールドカップ）のひとつで、3つの中でもっとも歴史が古く、女子は1952年（男子は1949年）に第1回大会が開催された。オリンピックも特別な舞台だけど、世界バレーは、もうひとつの世界一決定戦だ。

4年前のドイツで開催された世界選手権ではキャプテンを任され、予選敗退したという苦い思い出がある。どうしても、自分の中のけじめをつけたい大会でもあるのだ。

日本は、予選第1次ラウンドの初戦で、いきなりつまずいた。格下のチャイニーズ・タイペイにまさかの敗戦。この初戦で、パチンと目が覚めたんだと思う。同じグループで、ほかにコスタリカ、ケニア、韓国、そしてポーランドと対戦して初戦をのぞく全部に勝って、日本はグループ2位で第2次ラウンドへ進出。

第2次ラウンドで対戦したのは、キューバ、トルコ、セルビア・モンテネグロ（当時）、イタリアの4カ国。2次ラウンドは、それこそどれもが激闘だった。すっごく苦しかった。第1試合でキューバに、いいところまで迫りながらも結局、1対3で負けてしまった。キューバは高さもパワーもすごいけど、けっこう簡単なところでミスがでる。そこをきっちり日本がつめていけば、絶対に勝てた相手。なのに、なぜか日本もキューバと同じように、ちょっとしたミスをしてしまう。激しい競り合いの中での1点は、スパイクで決めてもミスで失っても、ものすごく重い。それを痛感させられた試合だった。

トルコ戦は、ネスリハンというサウスポーのスーパーエースをどれだけ抑えるかが、カギだった。キューバに負けた後、柳本監督が、豊田合成の安原貴之コーチにお願いして急きょ、試合直前の練習に参加してもらった。左利きの安原さんが、ネスリハン役を見事に再現してくれて、私たちは、練習でデータに基づくフォーメーションを死ぬほどカラダに覚えさせることができた。そうして、日本は3対1でトルコから勝利をもぎとった。この試合では、スギちゃんがひとりでブロックポイントを7得点も挙げた。やっぱり、チームの動きが徹底してくると、日本は絶対に強いって、思った。

セルビア・モンテネグロは、男子は強豪チームとして有名だったけど、女子は謎のチームと言われていた。事実、世界バレーが始まる前の時点では、世界ランキングは30位。でも私は、このチームにだけは負けたくないって、思ってた。ヴィツェンツァに所属して一緒にプレーしたことのあるイバナ(ジェリシロ)が、セルビア・モンテネグロのスーパーエースとして活躍していたからだ。

2セットを先に取られたが、日本が息を吹き返したのは、3セット目。序盤で私が時間差でスパイクを決めた後、テンさんがイバナのスパイクを1枚でブロックしたのがきっかけだった。イバナの目の色が変わり、セルビアチームの頭の中が真っ白になるのが見えるみたいだった。セルビアの鋭角的なスパイクを、テンさんが見事なダイビングレシーブで上げる。私がそのままダイレクトに打つと見せかけて、空中でスギちゃんにAクイックのトスに変えて決めたという場面もあった。そうして、日本はフルセットまでもつれた試合をものにしたのだった。

試合が終わって大勢の記者たちが集まるミックスゾーンに行ったら、なぜかイタリア人のジャーナリストがいて、

「シン、電話だよ！」

って、携帯電話を渡された。電話の相手は、ヴィツェンツァの会長、コビエッロさん。

「聞いて、イバナのいるセルビア・モンテネグロに3対2で勝ったの！　どうしても勝ちたかったの!!」

私は携帯電話を握りしめて、早口のイタリア語で最初の喜びをオーナーに伝えることができた。周りにたくさんいた日本人記者たちは、ビックリしたみたいだったな。

忘れられない試合

日本は結局、その後イタリアに負けて、決勝ラウンドは5-8位決定戦の戦いへと進むことになった。

世界バレーで、私はどれがいちばん印象に残った試合かと聞かれたら、迷うことなく、決勝ラウンドのオランダ戦と答える。

第2次ラウンドが終わって、大阪に移動し、そこで、私は40度近い高熱を出したのだった。しかも、すっごい気持ちが悪くて、食べたものも全部吐いてしまった。もしかして、インフルエンザ？　でも、そんなこと誰にも言えない。翌日には、5-8位決定戦の第1試合、オランダ戦が控えている。

私は、こっそりチームドクターに診てもらい、点滴を受けてホテルの部屋で寝ていた。同室のマホ（宝来《ほうらい》眞紀子《まきこ》）にだけは、

「お願いだから、誰にも内緒にして！」

って、頼んで、テンさんや柳本監督にも言わなかった。だって、絶対に体調不良を

言い訳にしたくなかったから。

そうして、翌日。体調が悪いことを誰にも悟られないようにプレーしようと思ってたことはあるけれど、気持ちだけはいつも以上に全開だった。それで、コートに立ったら、自分でも自分じゃないみたいな、すごい集中力のゾーンに突入した。

自分で言うのもなんだけれど、神がかっているみたいな感じ。テンさんがトスを上げて、ボールが空中にとびだしたら、もう絶対に決まるみたいなイメージ。なぜって聞かれてもわからない。もうひとりの自分が、自分のプレーを見て
「すごーい！　シン！」

って、ビックリしてる。でも、実際の自分は頭の芯がスーッと冴《さ》え渡っていて、ガンガン決まっていく。空中でオランダのコートや、ブロックがスローモーションのようによく見えて、それで打つべき方向や強さが瞬間的にわかり、実際にそう打つ。説明のしようがない。最高のプレーの、さらに上の次元にいっているような感じだった。

気がつけば、3対1で日本が勝利。4セットで私が決めたスパイクポイントは、26。ひとりで、スパイクだけで、1セット以上得点したことになる。

試合後のコートインタビューでテレビ局のアナウンサーに、

「いやあ、今日はすごい決めていましたね。どうしてですか?」

って、聞かれたんだけど、本当に自分でも説明ができなかった。どうやって、その状態にもっていったらいいか、本当の意味でわかって、完ぺきにコントロールできるようになったら、もう、絶対に私は世界一のプレーヤーだと思う。

オランダ戦は、今までに体験したことのない次元を垣間《かいま》見たということで、個人的に忘れられない試合になったのだった。

日本は、最終的に5-6位決定戦で中国と当たって、ストレート負けし、6位に終わった。4年前の苦い記憶からは抜け出せたけど、目標にしていたメダルには及ばなかった。ただ、テンさんがこの世界バレーでベストセッター賞と大会MVPを受賞したのは、うれしかったな。


2006年は本当にすっごく忙しかった。世界バレーが終わると、12月にはアジア大会があって、それが終わったら、すぐにイタリアに戻った。もう、本当に休むヒマなんてなかった。なかったけど、それはちっとも苦にならない。少しでも質の高いプレーをしたい、少しでもうまくなりたい。何がというか、全部。いつだって、そう。

だから、バレーができるのであれば、私は夢中で出かけていくだけ。

イタリアでの06-07シーズンも、すごく長かった。1年目には5月の連休の頃には、日本に帰国していたけれど、07年は5月23日までイタリアで試合に出ていて、バタバタと帰国したのが5月26日。さすがの私も、ずっと走り続けていたから、そこで、初めて3週間のオフをもらった。

すぐに山形の実家に戻って、可愛いワンコたちと戯《たわむ》れてました。もっとも、NECや全日本にも挨拶があったりしたから、山形、東京、大阪・貝塚を行ったり来たりはしていたけどね。

真剣勝負の中で芽生えた自信

結局、1年間という期限をもう1年延長して、06-07シーズンも同じイタリアのヴィツェンツァでプレーすることになった。

2年目は、生活や言葉に慣れなくてはと必死だった1年目とは全然違ったシーズンになった。2006年12月に開催されたアジア大会が終わってすぐにイタリアにとび立ち、到着した2日後には、もう試合に出てた。メンバーは数人変わってたけど、セッターは変わらなかったから、私はすぐにチームに溶け込めた。

2年目のイタリアで、私に求められたのは、チームをまとめろってこと。ええっ！　まだ2年目だよ、しかも外国人の私が、このチームをまとめるの？　びっくりしたけど、そのシーズンは、若手が入ってきて年齢的に私が上から2番目ということもあったんだと思う。もう、本当にイタリアって、個性が強い選手ばっかりだから、全日本をまとめるのとはわけが違う。すっごい大変だった。

セッターの選手とは、1年目からスピードのある平行トスとか一緒に合わせる練習をずっと続けてきたから、2年目に合流した時も、すぐにピッタリ息が合った。選手同士って、目で通じるみたいなところがある。イタリア語がまだ全然できなかった時から、それでも一生懸命コミュニケーションを取ろうとしてきた。お互いに求めるものをすごく理解しようと努力する。いざという時には、絶対に通じるみたいな自信が、この時にはあった。1年目には、まだ肝心な要所で私にトスが上がってこないこともあったけど、2年目の時には、「ここは絶対!」というようなポイントでは、必ずトスが上がってくるようになった。同じチームの仲間として真剣勝負を重ねる中で、間違いなく大事な局面でボールが上がってくるようになっていったのだ。

イタリア人は、イエス、ノーがはっきりしているから、何を求めているとか、何が自分にできて、何ができないとかを言い合うのが普通。だから、プレーでも、解決の糸口を見つけやすい。言い合うことで、ちゃんと境界線を見つけていける。そこらへんが、全日本をまとめるのとは違う点。日本では、何かを指示すると「はい」って、返事が返ってくるけど、どこまで理解できているのか、わかりにくい部分もある。国民性なんだろうけど、こんなことを言ったらダメかなって、躊躇《ちゅうちょ》することもある。

でも、そういう国民性みたいなものって、やっぱり大きく変えることはできない。

方法を変えることが必要かなとは思う。ただ、チームとして結果を出すために必要なことは、どんなことがあってもちゃんと言うべきだと思うし、そのスタンスは変わってない。イタリアでもチームをまとめろと言われたことは、今の全日本での自分にも、すごく生きてると思う。

イタリア語も、1年目よりはスムーズに話せるようになっていたから、コートの中での言い合いも、互角に勝負できるようになった。練習が終わった後なんかも、チームメイトとご飯を食べたり一緒に過ごす時間がずいぶん増えた。お休みの日にヴェネツィアのほうの海に行ったりとかね。明日はお休みなんていう日には、

「シン、一緒にご飯しよう」

って、誘ってくれて、それで、誰かの家に集まる。で、キッチンでワイワイやりながら、料理したり。もっとも、そんな時には、私は食べる専門だったけど。1年目は、そういう時間って、本当に少なかった。イタリア語がまだおぼつかないから、びびってたし。2年目は、へんな日本語をいっぱい教えたりして、友だちとしてコミュニケーションがとれるのが、楽しくて仕方なかった。

イタリアはやっぱりすごい！

2年目のイタリアでは、1試合1ブロックポイントというのを、自分の中で目標にしていた。私のブロックは低いから、必ず狙われる。レギュラーシーズンの対ジェシー戦。ブラジルの美人エースのジャケリネのスパイクを、ドンピシャでシャットしたことがあった。ブロックチェンジした後、明らかに私を狙ってるのがわかった。でも、ジャケリネのスパイクって、全日本としても何度も、何度もブラジルと対戦してやっぱりクセとか知っていた。だから、ドンピシャで止めることができた。もっとも、その時には、まだまだ試合が続いていたから、はい、次、はい、次って、感じで、うれしさも流れていってしまったけどね。

ジャケリネもそうだけど、私がすごくうまいと思っているブラジルのセッターのフォフォン（ソウザ）や、センターのバレウスカ（オリベイラ）はペルージャにいる。とにかく世界の代表選手がみんな集まってるのが、セリエA。練習レベルも高いし、試合もいつだって世界レベル。練習でさえ、個人の選手にとっての競争の場でもあるし、毎日が真剣勝負。そこで結果が出なければ、即刻クビもある厳しい世界。そこに自分がいて、日々切磋琢磨《せっさたくま》できる。本当にすごい環境だ。

ロシアのカプラーラ監督も、ポーランドのボニッタ監督も、みんなイタリア人で、話をするチャンスも増えた。バレーボールでは、世界の共通語はイタリア語。ブラジル人も、ヨーロッパのほかの国の人も、みんな英語じゃなくて、イタリア語でコミュニケーションをとっている。そういう、バレーボールの中心に、自分はいられたんだって、改めて思う。

イタリアでの2年間、本当に自分にとってかけがえのない経験をいっぱいさせてくれた。世界のトップレベルが集まる場でプレーできたことも、「明日からクビ」とシーズン中でも戦力外通告を受けることもある厳しい環境から受けた刺激も、自由をカラダいっぱいに吸い込んで生活そのものを楽しんだことも、みんな私の細胞のひとつひとつにしっかりとすり込まれていると思う。

それを、日本でどう生かすか。だって、そのためにイタリアに行ったんだもん。

自分の刃を研ぎすます

2007年は、北京オリンピック出場権がかかる大事なワールドカップが開催されたシーズンだった。だから、本来だったら、そこにどう向っていったか、ワールドカップではどう戦ったのか、どんな収穫があったのかって、そういう話をしなくちゃいけない。

でも、今回のワールドカップは、正直自分としては「柳本ジャパン始まって以来の、苦《にが》い大会」だったとしか、言いようがない。

いつもだったら、勝った試合、負けた試合、どんな時にも、自分の中に手応えというか、課題も含めて掴《つか》むものがある。それが、ワールドカップでは得られなかった。なぜなんだろう、何が足りなかったんだろうって、いろんな考えが頭の中をぐるぐる回る。完全に消化しきれていない。もう、目の前には北京オリンピックの世界最終予選が迫ってきているというのに……。

今回のワールドカップで痛感したのは、自分のテクニックがレベルアップしたと思っても、世界はさらにその上をいっていたということ。そのこと自体は、自分も世界もともに切磋琢磨してるのだから、すごくワクワクすること。ただ、今回は、ああ、まだまだ上をいかれちゃったなという印象がすごくあった。

イタリアやブラジル、アメリカなんかは、本当に私のことをきっちり分析して、データ通りに対応してきた。そういう相手に対して、私はさらに裏をかくようなプレーをしなくちゃいけなかった。そういう修正って、頭だけで考えていてもできない。だから、ワールドカップが終わった後も、とにかく自分のカラダを動かして、コートの中で汗を流していく中で答えを見つけていくしかない。

07年6月、イタリアから帰国して3週間のオフの後、全日本に合流。その後、毎年のように行なわれるヨーロッパ遠征に行き、ワールドグランプリを戦い、そうして、9月にはアジア選手権があった。アジア選手権では、9連戦する中で日本は、01年のワールドグランプリ以来中国に勝利し(しかも、ストレートで!)、全勝優勝という形で24年ぶりのアジアチャンピオンになった。直前のワールドグランプリでは、決勝ラウンド進出がかなわなかったりしたから、アジア選手権の中国戦をワールドカップ前のひとつの大きなピークにして、チームはいい形で盛り上がったように、見えた。

でも、自分の中では、どうしてももうひとつ物足りなさを拭《ぬぐ》いきれてなかった。結果としては優勝できたけれど、まだ何か違うという違和感があった。それはチームに対してというのではなく、自分のプレーに対して、なんだけれど。

11月、12カ国が総当たりで戦うワールドカップの、対韓国戦。3対1で日本が勝ったけれど、そこで韓国の新しい〝高橋攻略〟にぶつかった。私の決め球は、スイングスピードの速いストレートと、ストレート側のブロックに当てるブロックアウト。テンさんのトスが上がってジャンプすると、2枚ついていた韓国のブロッカーのうちストレート側のブロッカーが空中で腕を引っ込めた。ストレート方向にブロックアウトを取るはずだった私のスパイクは、当たるはずの壁を失って、そのまま大きくエンドライン方向にアウトになってしまった。あれ、今の、何？って。

そこが、ひとつのきっかけになったのかもしれない。今度は、相手はどう出てくるのって、ジャンプした後にも頭の中ですごく迷いが生じてしまった。

ブラジル、アメリカ、優勝したイタリアとの試合は、本当に完敗だった。データが徹底していることを、改めて痛感させられた。ブロックとレシーブとの連携が、完ぺきだった。

例えば、イタリアとの試合で、序盤、私が1本ストレートをうまく決めたら、2本目では完全にストレートをしめてブロックしてくる。そうすると、私は、どうしても2枚のブロックの間か、もしくはクロス方向にしか、打てなくなる。そうやってスパイクすると、そこには、待ってましたとばかりにレシーバーがいて、きっちりチャンスボールにされてしまう。イタリアにとっては、まるで練習をやってるみたいなもの。

そんな場面で、私はバカ正直にイタリアの思惑《おもわく》通りのコースへ打ってしまっていた。ほんのちょっと、イタリアの裏をかけばよかったのに。あえて、ストレート方向に打ってブロックアウトを1本とれば、それで流れが変わったのに。

そういう状況判断が、以前だったら、ジャンプした後でもパパッと頭の中で計算できた。ところが、今回は、韓国の腕引っ込み作戦があったせいか、ジャンプした後にどうしようって、いちいちプレーの寸前まで考えてしまっていた。悪循環を、自分で断ち切ることができなかった。

前年の世界バレーの時だって、イタリアは同じように私のストレートをしめてきた。そこは変わらない。それに対して、ジャンプした後に瞬時に打つ方向や強さを変えてブロックアウトをとったり、自分なりに対応してきた。

ところが、今回は、私が裏をかいてブロックアウトを取ったら、次の1本ではさらに私の裏をかいた手を打ってくるのではないかという恐怖心が、常に消えなかった。きりがない感じ。次は、どうでるの？　次の手はどうする？　どんどん精神的に追い込まれていった。

迷っても、それでも決まるスパイクもそれなりにあった。でも、自分の中では、迷っている分、決まったスパイクでさえ、納得できる自分のプレーの感覚として残らなかった。頭の中の攻撃回路が、完全にバグッてしまったような感じ。正直、これほど頭が疲れた大会はなかった。

セルビア戦。1、2セットを先取されて3セット目をとって、22対16と大量リードしていた時に、日本は連続6失点して最後に試合をひっくり返されてしまった。あれは、本当に自分の責任だと思ってる。あそこは絶対に1本、決めなくてはいけない大事な場面だった。セルビアも私のストレートを警戒して徹底的にしめてきた。私は、見事にそれにはまって、中へ中へと打ち込んで、結局は拾われてしまっていた。テンさんのトスで、ブロックが1枚になったこともあった。それでも、決めきれない。トスが上がったら、後は、アタッカーの責任なのに！

フルセットで接戦を勝ち取ったポーランド戦でも、結局自分はずっと迷ったままだった。世界は、確かに徹底的に私をマークしてきた。でも、逆に言えばそれだけ世界は私の攻撃をいやがっているという証拠でもある。以前は、狙われていることがすごく苦痛だった。なんで私ばっかり狙うのって。でも、今は「へえ、マークしてくるんだ、上等じゃん！」くらいの気持ち。そうでないと、自分がネガティブに落ちていっちゃう。

サオリン（木村沙織）も、サーブで狙われることが多い。あの子にも、いつも言ってる。

「狙われるのは、サオリンのコンビ攻撃を世界がすごーくいやがっているからなんだよ」

ってね。マークされるのは、名誉なことだよって。

これまでの自分だったら、これだけマークされて自分の思うようなプレーができなかったら、完全につぶされていただろうと思う。ブロックアウトにしても、サーブレシーブにしても、狙われてそのまま崩れてしまっていたかもしれない。ただ、今回は、そういう苦しい中でも、なんとか気持ちではふんばれていた。どんなに苦しくても、最後は「私に任せろ！」という気持ちを切らさずに我慢し続けることができた。無駄な大会、経験なんかじゃなかったと信じている。

北京オリンピックの開催国である中国と、ロシアが出場しなかったワールドカップで、日本は最終7位。北京オリンピックの出場権を、このワールドカップで奪取することは、かなわなかった。また、5月。3度目の挑戦、北京オリンピックの世界最終予選に向けて、もう一度、仕切り直さなくてはいけない。

07-08シーズン、私は、イタリアへ行かずに2年ぶりにNECでプレーすることを選んだ。もう、2年目のイタリアの頃から、ずっと心では決めていたこと。正直、個人的にはイタリアでプレーを続けたい。でも、北京オリンピックを考えた時、この時期イタリアにひとり行っていたのでは、絶対にチーム作りには間に合わない。

それにNECに戻ってもやるべきことはいっぱいある。2年ぶりのVリーグでのプレーは、とても新鮮だ。イタリアでプレーするのとはまったく違うからこそ、新たに見つけられるものもある。日本で、Vリーグでプレーしながらも、これがイタリア人相手だったら、ロシア人相手だったら、と常に頭におきつつ、練習も試合もやっている。勝ち負けがかかる真剣勝負の場で、得られることはいっぱいあるのだ。Vリーグの試合のひとつひとつを無駄にしないで、次に来《きた》る全日本のシーズンに向けて、自分の刃《やいば》を研ぎすませなくてはと、本当に思ってる。

そんなふうに「今」を過ごしている。

第5章

私はこんな人

私の好きな人

けっこう有名な話ですが、私は昔っからNBA（全米バスケットボール協会）のアレン・アイバーソンが大好き。

もちろん、本物に会ったから好きになったとか、そういうわけじゃない。テレビで試合を観たり、雑誌で記事を読んだりして、それですごく好きになった。背が小さいのに、すごいプレーをして、観客を魅了する。共感できるというか、尊敬している。私生活でやんちゃしてるとか、そういうことをマスコミによく取りざたされるけど、そんなの、本当のところを私自身は知らない。ただただ、プレー、バスケットに対する姿をリスペクトしている。

全日本として海外遠征に出ている時、ホテルの部屋でなにげなくテレビをつけたらアイバーソンが出ているNBAの試合をやっていて、それで目がくぎづけになっちゃった。うわー、なんだ、こいつ。バスケットの選手なんて、みんな2mくらいの身長の人の中で、183㎝のアイバーソンがすごい動きをしていた。その日、ずーっと夜中まで試合を見ていた。

私、目が好きなんです。目の奥に光る、何か熱いもの。アイバーソンって、目がキラッキラしててステキだなって思う。

一度だけ、アイバーソンに接近遭遇《そうぐう》したことがある。それは、なんとアテネオリンピック開会式のこと。あの時、ギリシャ語のアルファベット順で各国が並んで入場することになっていた。日本は、アメリカの次。普通のアルファベット順ではあり得ない順番だ。しかも、私たちバレーボールのメンバーは、日本のいちばん前、アメリカのすぐ近くで行進することになっていた。

ものすごい人数の選手団を抱えるアメリカの行進は長い。その列のいちばん最後にいたのが、バスケットボールチームだった。そこに、彼を見つけたんですよ。ウッソー！って、開会式でブルブル興奮してる上に、目の前にアイバーソンがいて、もう、さらに鳥肌が立った。

ちょうど、アメリカの男子バレーの選手たちが、入場行進しながらみんな自分のカメラで記念撮影を始めてた。男子バレーにまじって女子チームの選手も一緒にビデオを回したりしていて、その中に顔見知りのヘザー（バウン）もいて、

「ハーイ！　シン」

って、会えたことを喜び合っていた。私は、自分の携帯電話を取り出してパチパチ記念撮影していたんだけど、その携帯ストラップが、アイバーソンだということをへザーが見つけて、

「シン、アイバーソンに紹介してあげるよ」

って。

「ハイ、アレン、日本のバレー選手の子なの。一緒に写真撮ってあげて」

とか、言ってくれて、それで一緒に記念撮影してもらっちゃった。もう、私は口も聞けずに半べそ状態だった。

ギリシャ語のアルファベット順じゃなければ、アメリカのバスケットチームと日本の女子バレーの行進の位置が少しでも違っていたら。そうしたら、こんな出会いはなかった。はっきり、運命だったって思う。もし、英語がもっともっと話せたら、選手として共感できる部分を語り合ってみたかった。

島田紳助さんとの出会い

２００７年アジア選手権で優勝した直後の、オフの日。タレントの島田紳助さんとご一緒するチャンスがあった。それは、衝撃的な出会いになった。

これまでにも、ごくたまに芸能人の方とかと一緒に食事をしたりという機会は、何回かあった。たいがいは、「選手って、どんな生活してるの？」「バレーって、どこが楽しい？」とか、そんな比較的表面的な会話が多い。それは、それでいつもすごく楽しいんだけれど、紳助さんとの会話は全然違った。

紳助さんは、天才肌の人なんだと思う。番組の収録中などで、すごい集中力でそこに出演している人も、スタッフも巻き込んでいっきに全員のテンションを上げていい番組作りができたということが、よくあるみたい。

私にも、そういうことはないかって言うんですよ。

ちょうど1年前の世界バレー。前日40度近い高熱を出した翌日のオランダ戦で、私はそれまで経験したことのないようなすごい集中力の次元に突入したことがあった。

絶対に体調不良を言い訳にしたくなかったから、黙っていた。その分、気持ちだけはすごく高めていたら、その次元に入っちゃった。もう、打てば決まる。もし、あのオランダ戦の自分を、毎回発揮できたら、私は世界一のプレーヤーになれるって、確信した。そんな経験だった。

紳助さんとの会話でそれをすぐに思い出して話したら、

「そうやろ。オレも高熱を出して1時間番組の収録で2時間分くらいの密度でやったことがある。天才はな、そういう瞬間が絶対にあるんや!」

みたいに言われて。あ、この人に、私の状況、気持ちが完ぺきに伝わったって、思った。それをすくい上げてくれたんだって。

私は、家族でも、選手同士でも、あんまり精神的な話ってしない。技術的な話は、必要があれば当然するけれど、メンタルの話はものすごく個人的なことだから。ほかの人はどうしているのか知らないけど、自分は少なくともしない。悩みも人に言わない。だから、こういう自分の核に触れるような深い部分の話って、本当にしたことがなかった。

初対面の紳助さんと話したら、いきなりポンと核心部分に連れていかれちゃった。

バレーの選手とタレントさん。まったく世界が違うからこそできたのかもしれないけれど、でもそれ以上に、紳助さんには、人に対してなんの障害もなくスーッと深いところに入っていける資質があるんじゃないかな。紳助さんって、テレビの世界で言えば、チョー大物。その人が、私のように子どもみたいなバレーの選手に対して、なんの先入観もなくスーッと入ってくる。

話している最中、ずっとアドレナリンが出まくっていた気がする。この先、本当に何かにつまづいて、悩んで答えが出なくなった時に、もしかしたら、紳助さんだったらわかってくれるかもしれない。

そんなふうに思わせてくれる人に出会えるって、人生、めったにないと思う。紳助さんと知り合えたのは、人生の貴重な出会いのひとつだ。

愛犬の死

バレーボールに関しては、もう、幼い時からしょっちゅう、笑ったり泣いたりしてきた。シドニーオリンピックの世界最終予選で敗退したというような地獄も味わってきた。

バレーボール以外で私の心に大きく残る挫折はと聞かれたら、可愛がっていた愛犬のサクラとプーちゃんが死んだこと。

なぜかこれまで、可愛がっていた犬は、いつも私が海外に滞在している間に死んでしまう。

いちばん最初は、2002年のアジア大会の時。私がキャプテンをしていた全日本の時で、ドイツでの世界選手権で予選敗退というボロ負けを喫して、そのまますぐに韓国・釜山でアジア大会があった。当時、自分の精神状態もボロボロで、キャプテンなんか務まるわけがない、私がキャプテンなんかやってるから世界選手権でも最悪の成績になったんだって、そういうどん底の時代だった。

アジア大会が終わって、わずかな休暇がとれて山形の実家に戻ったら、いつもなら真っ先に出迎えてくれるサクラが、玄関を開けてもやってこない。車が玄関先に着く前にしっぽを振って出てくるのに。あれ、おかしいって。

ほとんど悲鳴みたいに叫んでお母さんに聞いたら、アジア大会中のある朝、吐いて、そのまま息を引きとったという。

「サクラは～ッ!?」

お父さんは、私にとってはコーチでもあったし、普段、お父さんやお母さんには、絶対にバレーのグチとかを一切言わなかった。高校3年生の時に、国体が終わってみんなが就職活動している時、この先私はバレーをやめてみんなと同じように普通に就職しようか、どうしようかって、すごく進路を悩んでいる時があった。高校から帰って、ひとり自分の部屋でサクラを抱えてずっと考えたりしてた時、じっと動かず私のそばにいてくれた。サクラと一緒に考えてるうちに、もうちょっとがんばってみようかなって、そういう気持ちにさせてくれた。

イタリアに行っている時にも、家族に会いたいというより、犬たちに会いたいというホームシックのほうが強かった。だから、時々携帯でテレビ電話をする時にも、

「あ〜、みんなはいいから、犬出して、犬！」

とか、言ってたくらい。

そのイタリア滞在中に、今度はプーちゃんが死んでしまった。プーちゃんは、以前にも心臓発作を起こしたことがあったので、ちょっと心配ではあった。次にそういう発作を起こしたら、命の保証はないよって、獣医さんにも言われてた。

プーちゃんは、よく噛みつく子だった。プーちゃんも、私と一緒に成長してきたから、小さい時には噛みつかれて「コノヤロー！」なんて、まるで兄弟ゲンカみたいにじゃれたりしたけど、それでも憎めない。だいたい、噛みつくのは、私がしょっちゅういたずらをしてたから。だから、噛みつくようになった。でも、顔も表情もすっごく豊かで可愛かった。

お父さんがプーちゃんと朝、お散歩に出たら、おしっこも出せずにそのままパタリって。お父さんが大きなプーちゃんを抱きかかえて家に連れ帰ったって、イタリアから帰国してから聞かされた。

サクラが死んだ時には、自分もどん底の時代だった。プーちゃんの時には、イタリア1年目で、もう何もかも必死で覚えなくちゃいけない、ひとりで奮闘している時だった。どちらも、そういう私の、大きな心の支えだった。

サクラやプーちゃんが死んだからって、心に免疫《めんえき》ができたわけじゃない。どの子も、それぞれ大事。今も、３匹の犬がいる。犬は、絶対に飼い主の人間より先に死ぬ。それはわかっているんだけど、やっぱり、ちょっとその瞬間のことを考えると、怖いな。

私の初恋

私の初恋は、小学3年生の時。同じ学年だけど違うクラスで、スポーツ少年団の男子バレーをしていた子。いつも隣のコートで練習してたし、たまに一緒に練習することもあった。学校の授業が終わって一緒に帰ったりすることもあった。だけど、後でバレーの練習があるから、一緒に帰るといっても、早足で帰り道を歩くくらい。男の子として意識して憧れた、最初の存在だったのかな。でも、中学1年生くらいまでは、ずっとその子のこと、一筋《ひとすじ》でしたよ。

その子も、すごくバレーがうまくて、なんでもできた。そういうところに憧れていたのかもしれない。

中学時代に好きになったのも、やっぱりバレーをしている子だった。違う中学だったけどね。だいたい、当時から私はバレーしかしてないから、バレーでしか出会うチャンスがない。公式戦か何か、同じ体育館でプレーしている姿を見て、うわ、すごくうまい！って、一目ぼれしちゃった。その人の性格とか、何にも知らないのに。

私が通っていた中学は、山形市内でも強豪校で、その子の中学は男子としてやっぱり強豪校だった。お互い、バレーばっかりやってるから、試合がある時が、会える時、みたいな感じだったけど、たまに手紙や電話で話をしたりするのが、すっごくうれしかった。

その人は、セッターだったんですよ。私は、セッターが大好きなのかも。自分がやったことのないポジションだから、セッターという存在はどうしても別格。セッターなら誰でもいい、というわけじゃないけど、プレーのうまさに目を奪われてしまうのかもしれない。スパイカーだと、確かに男子であればパワフルだったりして華はあるけれど、ついつい、自分も同じポジションの選手だから、テクニックだけを見てしまう。ははあ、こうやって打つのかとかね。それが、セッターだと、この人はこの状況でここにトスを上げるのかって、やっぱりプレーを見てるんだけど、どこかその意外性や正確さに「すごい!」って、ほれぼれして見ちゃうところがある。

人を好きになるポイントは、目。目の中に何かを感じられる人。形や色を含めてパーフェクトなのが、アレン・アイバーソン。もう、キラッキラして可愛くて、でも、その中にすごい熱いものをもってる。あんな目で見つめられたら、もう、天国!

でも、目の力がある人って、別に男性だけじゃなくて、女の人でも、そういう人は、やっぱりすごく魅力的だと思う。

結婚願望とか、今は具体的には考えられないな。バレーをやっていて、もう、目の前にすごく大きな目指す山の頂点がある。今はどうしても、そこにしか、自分の心が向かない。恋愛はいつでもしたいし、恋多き女だとは思うんだけど、結婚となると、この目の前の目標をクリアしないとできないかもしれない。でも、将来的にはしたいですよ。結婚というか、子どもがほしいかな。もっとも、相手がいればの話ですけど。

でも、今は、とにかくバレーの目標が第一です。

忘れられない1本

あれは、小学6年生の時、山形県の県大会決勝戦でのこと。私たち山形東小は、宿敵・滝山小学校と対戦。激しい競い合いで、クライマックスを迎えようとしていた。相手のマッチポイントだった。エースの私がなにげなくフェイントしたら、それを拾われて切り返されて負けてしまった。負けた瞬間に、私は、人生で精神的に初めてどん底を見た。たった1本のフェイントでだ。ピーッと試合終了のホイッスルが鳴った瞬間、パニックで号泣《ごうきゅう》した。

だから、その試合、フェイントをした瞬間のことは、ずっと画像として頭にこびりついてる。絶対に忘れられない。

私は、それ以来、絶対に無意味なフェイントはしないって心に誓った。せっぱ詰まった場面で、エースの私が放ったフェイントでチームが負ける。エースは、そういうことをしちゃいけないんだって思い知った。みんながつないで、つないでそうして上がってきたトス。そのボールを、何も考えずに安易にフェイントするっていうのは、自分も許せないけど、そういうプレーをしている選手を絶対に許せない。戦略として、ここは効果がある、得点につながると判断して放つフェイントではなくて、安易に、あるいは弱気になって置きにいったフェイントだけは、絶対にやらないし、許さない。

もちろん、戦略的に効果があると判断しても、決まらない場合もある。みんながフェインプレーでつないだ大切なボールだからこそ、安易にフェイントするのではなくて、失敗しても、ブロックでシャットアウトされても、強打でガンといくべき。それこそが、エースとしての存在意義だと思ってる。

小学校のその1本のほかに、そういうインパクトのある1本はない。中学校でも高校でも、実業団に入っても、全日本でも。あれが、私の忘れられない1本だ。

説教部屋

両親は、全日本の試合はよく見に来る。東京や大阪での試合だけじゃなくて、名古屋とか、岡山や北海道だとか。世界バレーやワールドカップはもとより、ワールドグランプリなどでも、日本国内いろんな場所で大会が開催される。そうすると、

「じゃあ、今度はここを観光してこよう」

「この土地の名物料理は、何だろう」

なんて、ガイドブック広げて観戦ツアーそのものを楽しんだりしてる。娘は、必死になって試合に臨んでいるというのに、まったくいい気なものだと思う。

テンさん（竹下佳江）やスギちゃん（杉山祥子）のご両親とは、しょっちゅう出かけた先で食事をしたりして、そういう時間も一緒に楽しんでるみたい。以前、ワンジョー（小山修加）のご両親が観戦に来た時、一緒にご飯を食べに行ったらしい。後からワンジョーが、

「シンさんのご両親とご一緒させてもらって、うちの両親、すっごく喜んでました」

って。聞いて、びっくり。ワンジョーは日本語が完ぺきだけど、ご両親はあんまり得意じゃなくて、中国語しか話せないのに、どうやってコミュニケーションとってたんだろうって思って聞いたら、

「山形弁だよ！　ジェスチャーだよ!!」

って。お父さんは、ほんとにサービス精神旺盛。

試合観戦を楽しんでくれる分にはいいんだけど、すごーくたまに、お父さんたちが泊ってるホテルの部屋に呼びだされることがある。私は「説教部屋」と言ってる。本当に説教されるわけじゃないけど、なんとなく私が調子が悪かった時に、呼びだされる。

「また、説教部屋にお呼び出しですかあ」

なんて、言って部屋を訪ねると、その時には全然違う何でもない話をしたりすることもある。

それでも、やっぱりお父さんのアドバイスが、私を助けてくれる。

もともと、私が中学校に進学してからは、お父さんは、バレーについて、口出ししなくなった。でも、試合は見に来る。そうすると、やっぱり気になることはいろいろ

あるらしい。で、それをお母さんに話したりして、私に伝わるというパターンが多い。お母さんが携帯メールで「お父さんがこんなこと言ってた」みたいな感じ。

ただ、たまに自分から直接お父さんにメールしたり、聞いたりすることもある。

2006年の世界バレーの初戦でチャイニーズ・タイペイに負けちゃった直後にも、説教部屋に行った。世界バレーの直前までずっとサーブの打ち込みばっかり練習していてスパイクをあんまり練習してなかったら、実際の試合ではスパイクに違和感があって、それをなんとかしたいって、焦っていたんだと思う。そうしたら、お父さんは私がサーブ練習ばっかりやってたなんてこと、まったく知らないはずなのに、「サーブ練習ばっかりやってるから、打つ時にヘンな力が入ってるんじゃないか」って、言われた。ああ、そうか。なるほどと思って、翌日の練習の時に、ちょっと力を抜いて打ち始めたら、スパイクの違和感が解消されていった。

やっぱり微妙な違いがわかるのかもしれない。それこそ、小学校に上がる前から見ているわけだから。今でも根本的なスタイルとかクセとかは、変わってないのだろう。

例えば、サーブについて、同じ「打点が下がってる」というアドバイスを受けるにしても、ショウちゃん(柳本監督)やコーチから言われた時と、お父さんから言われた時とでは、自分が考えるポイントが違う。

お父さんから言われた時には、まず、どうして打点が下がってしまったのかという、その原因を探ってみる。ボールの上げ方からもう一度考え直してみる。それは、お父さんと私とで、ずっと長年培ってきた、思考回路のスイッチみたいな感じなのかもしれない。こうお父さんが言ったら、こう考えるみたいな道筋がある。そうやって、元の道をたどっていくと、案外、答えがあったりする。打点が下がっているというのは、イコール、左手がきちんと上がっていないから、それでカラダのバランスが崩れている。それで右ひじが下がってる……というような、思考のルートをたどることで、全体をチェックすることができる。自分の基本的なフォームを見直すことができる。

説教部屋やメールでお父さんから言われることって、案外、ショウちゃんやコーチから指摘されてることと変わらないことが多い。言葉も簡単なものだし。

言われるのは、サーブのことが多い。サーブは私のバロメーターになっている。

「力みすぎ！」

って、ひと言、メールで書いてきた時もあった。ちょうどスパイク練習をいっぱいやっていた時で、ついついジャンプサーブの時に手の平に当たるミートがきつくなりすぎていたということが、そのひと言のアドバイスから、バーッてわかった。キーワードみたいな感じ。私の脳の中にそのキーワードが入ると、シナプス（脳神経細胞の接合部）に電流がパパパッと流れて原因・答えにいきつくみたいな感じなのかな。

もちろん、１００％いつもお父さんの言っていることが正しいとは限らないし、あぁ、うるさいな、と思うこともある。だけど、聞くだけは絶対に聞く。必要なものは、そうやって脳が処理していくし、必要ではないと思えば、聞き流していく。

技術的に迷った時には、最初は自分で解決しようと努力する。練習して修正できれば、それでオッケー。でも、どうしても気づかない部分がある。ましてや、大事な国際大会の最中であれば、時間の猶予《ゆうよ》はない。そんな時にはお父さんに聞いちゃったほうが早い。

説教部屋は、すごくありがたい存在なんです。

自分の形

高校生まで、よく言われてたことがある。アンダーパス、サーブレシーブの時には、もっと腰を落としてしっかりやれってこと。今でも、確かに腰の位置は高い。でも、それが、私にとってのベストポジション。すごい低い腰の構えで、100%レシーブが上がればそれはそれでいいだろうけれど、そういうわけじゃない。人の形に合わせることはない。自分がいちばん正確に上げられれば、それがベストポジション。

基本姿勢って、確かに大切だと思う。とくに初心者だったら、基本姿勢を教わることで上達は早くなる。でも、基本を習得することと、型にはめることは違うと思う。

NECに入ってからも、ずいぶん言われた。フォームはこう、右足は前、みたいな感じで、まるで初心者の中学生に教えるように。苦しい練習はいい。自分の技術を上げるための苦しい練習だったら、どんなことでも耐えられる。でも、型にはめようとする練習は、どうしても受け入れられない。

とにかく、ちゃんとボールが返球できればいい。コートにボールを落とさなければいいわけだから。球威《きゅうい》の殺し方、腕の出し方、タイミングのベストポジションは、自分にしかわからない。それは、私だけではなくてサオリン(木村沙織)も、リョウ(佐野優子)も、みんな違う。私は腰高で受けてそれがベストだと思うけど、リョウはすごく低い位置で受けてそれがベストかもしれない。

ボールに触った瞬間、これ最高って思えればいい。そういうボールタッチの瞬間というのは、キャッチ(サーブレシーブ)の時にしかない。

もっともテンさんだったら、トスの時の両手の感覚にそういう〝最高のボールタッチ〟があるのかもしれない。

私の場合は、サーブレシーブを1時間続けてやっていれば、その中で何回か、そういう最高のボールタッチの瞬間というのを感じることができる。チーム練習ではプレーを全部ビデオに撮影しておいて、すぐに自分でチェックできるモニターが体育館に置いてある。今のはオッケー、今のはダメというのをすぐに見比べても、実際には微妙すぎてわからないことも多い。感覚的には、自分としては「今のサーブレシーブはベストポジション!」って思ったものほど、フォーム的には崩れているような気がする。1本でも多く、その感覚を増やして、それを自分のものとして取り入れていきたいと思う。

スパイクも、スパイクレシーブも、大好き。プレーとしては得意なものなんだと思う。サーブレシーブは、どちらかというと苦手。だけど、それをやらないと、自分の役割が、存在意義がなくなってしまう。バレーボール選手として生きていくためには、絶対不可欠なのがサーブレシーブ。だからこそ、〝最高のボールタッチ〟を求めて私は日々練習する。

ロシアのガモワのジャンプサーブは、パワーもあるけど最後に伸びる。まるで魔球だよねって、サオリンやリョウとも話してる。これでよし、完ぺきというキャッチはなかなかできない。でも、だからといって努力しなくていいなんてことはない。どこまでも、努力しなくちゃダメ。

100％攻略してやるって、いつでも思ってる。80％返った、90％返ったって言ったって、残りの20％、10％は返ってないんだから。それが50％の返球率だったりしたら、もう、喉をかきむしりたいくらい悔しい。

練習にしても、ただ量をこなせば答えが出るわけじゃない。そこに発見や質が伴《ともな》っていないといけない。それはかつてトモさん（吉原知子）が「人が（練習を）やっているから、だから自分もやるというのは意味がない」って言ってたことにもつながっていく。自分の感覚をどれだけ確かめられるか。どれだけつかんでいけるか。

選手のクオリティというのは、そこにあると思う。

とにかく笑う！

私のポリシーは、「笑う」。

とにかく、笑う、笑ってみる。たいしておかしくなくても、笑っていると、周りの人もなんとなく楽しくなる。それが、すっごい好き。

周りを笑わせるというのとは、ちょっと違う。みんなが一緒に楽しくなる、その空気が好き。きつい練習が終わった後に、それをネタにみんなで笑いたい。

だいたい、そうじゃないと、やってられないことが多い。すっごくしんどい。もう、気持ち的にはテンパって、みんなもいっぱいいっぱいになっちゃうこともある。私も笑えないなんてこともある。でも、そんな時、誰かがクスクスって笑い始めると、それまでのひどく緊張していた糸がすっと緩んで、そのまま爆笑したり。中学校でも高校でも、ずっとそうだった。そうして、今でも。

イタリアに行ってた時も、みんなから
「どうして、いっつもシンは笑ってるの？」

って、言われてた。

「笑ってるとね、いいことあるんだよ」

そう教えてあげる。イタリア人もみんな陽気だし、よく笑うけど、一方で、ツンとおすまし顔をしていることも多い。笑わない時には、絶対に笑わないところもある。

「女は愛嬌《あいきょう》なの。日本では『笑う門には福来たる』って言うんだよ」

そう言って、確かにいっつも笑ってた。でも、どうなんでしょう。そのせいか、へんなアニメのキャラクター扱いされてたな。どんなだ！って(笑)。だいたい、私は幼い時から顔の表情とかもヘン。写真に撮られる時も、ヘン顔で写ってる。イタリアでは、とにかくイタリア語が下手だったから、顔で伝えるしかないって感じで、一生懸命顔で話をする。そうすると、ますますおもしろいらしくて

「もう1回、その顔やって！」

なんて、大ウケしちゃったりしてた。それで、チームメイトたちが大笑いするのも、また、楽しかった。

多分、お父さんの血を引いているんだと思う。お父さんも、自分も人も笑っているのが大好きだから。私の応援で、全日本の試合を見に来てる時でも、頭にはちまきし

て日の丸の扇《おうぎ》を頭のてっぺんに立てたりして、それでテレビに映っちゃったりしてる。そんな親の娘ですから、涙にくれるアナウンサーからマイクを取り上げて、コートインタビューくらいしちゃいます。あの親にして、この娘あり、ですね。

人生、生きてればいやなことも、落ち込むこともいっぱいある。私だって、いろんな地獄を見てきたから。でも落ち込むのはいつでもできる。でも、そうじゃなくて、ツライ時こそ、とにかく笑っていたい。

私は、大好きなバレーをやって生きていられる。これって、すごい幸せなこと。世の中には、本当にいろんな苦労をしている人がいっぱいいる。難病などで生きる時間が少ない人もいる。そういう人も、今をしっかり生きてる。私たちって、少し悩みを大きく考えすぎなんじゃないかなと思う。もう、世の中、終わりだ~みたいな。全然そんなことないのに、そう思うことで、本当にそうなってしまうことって、あると思う。

だから、あえて笑うことで違うイメージを自分の中に取り込んであげる。落ちていってしまう自分に、ブレーキをかけてあげよう。暗い方向に落ちていくのは、簡単なこと。心の軌道修正をしてあげるのは、すっごく難しいこと。でも、だから、やる価値がある。そうやって、私は生きてる。笑え。どんな時でも。

私の家族

よく、いろんな人から〝明るい性格〟だって、言われる。でも、自分ではこれが当たり前だから、明るいとは思ったことはない。男兄妹の中でもまれて育ったから、こうなっちゃったのかな。でも、お兄ちゃんも弟たちも、家族全員でいると無口で、私とふたりでいるとよくしゃべったりする。たまのお休みで、実家に家族6人が顔を合わせて大好きなお寿司屋さんや焼き肉屋さんに行く時には、私がうわーってひとりでしゃべって、お父さんがそれに間《あい》の手を入れて、時々弟たちがぼそぼそって何かコメントする。そんな時、お母さんはいっつも笑ってる。

お父さんは、小さい時からお父さんでもありバレーの先生でもあった。日常的にバレーばっかりやっているから、コートではしょっちゅう怒られてた。そのたびにムカつくことはあったと思うけど、それは毎日の、習慣みたいな感じなのかな。怒られたり、ムカついたりしても、それはその日のうちに全部終わってしまって、次の日にまで長引くこともなかった。

だからかなあ、いわゆる反抗期って、なかった。

今も、お父さんからは時々、説教部屋だとかメールだとかでバレーの話をすることもある。お父さんとは、やっぱり具体的な技術の話をすることが多い。その分、お母さんは、何も言わなくても、私があんまり調子よくなさそうだとか、悩んでるんじゃないかとか察知して、なにげなく「元気にしてる?」みたいなメールをくれたりする。そういうのがあると、ああ、やっぱり親なんだな。わかってくれているんだなってしみじみ思う。ふたりともそろって全日本の試合を見に来てるから、私のサーブを見て、今日は調子がよさそうだとか、迷いがあるとか、わかっているんでしょうね。だから、メールが来るタイミングもバッチリ。

お兄ちゃんは、結婚して実家の近くに住んでいる。今も、9人制のクラブチームで楽しくプレーしてるみたい。だけど、バレーの話はしないかな。私がたまに実家に帰った時も、お父さんはノリノリで、

「おい、ちょっと色紙に何枚かサインしといてくれよ」

なんて、気軽に頼んできたりするんだけど、お兄ちゃんは、そういうことも言わない。お互いに干渉しないけど、ちょっとした頼みごとをしたりするのは、やっぱりお

兄ちゃん。コンビニに行きたいから車に乗せていって、とかね。そうすると、お兄ちゃんが、買い物のお金を払ってくれたりして、やっぱり頼りになる（笑）。

すぐ下の弟の直人は、幼い時、「川崎病」という原因不明の病気にかかっていたので、お母さんは、すごく大変だったんじゃないかな。全身の動脈に炎症を起こす病気で、幼い子供がかかりやすいんだけど、成長すると自然と治るらしい。直人も、やっぱりバレーをやってるうちに、自然と治ったみたい。東北福祉大を卒業して秋田国体に出るために、わざわざ秋田県で就職してプレーしてた。そうしたら、本当に2007年の秋田国体の成年男子の9人制で3位になった。その後、その時の優勝チームから誘いがあって、現在は沖縄でプレーしている。まさに、直人は、バレーの渡り鳥。直人が沖縄にいるので、遊びに行けるって、私はすごく楽しみ。両親は、沖縄でどんな仕事をするのかとか、生活は大丈夫かとか、いろいろ心配していたみたいだけど、直人は、そういう話を私によくしてくれる。だから、ちょっとお姉さんぶって、ちゃんとお父さんたちに説明しなくちゃダメだよ、なんて、アドバイスしたり。兄弟の中では、いちばん話をする相手かもしれない。

末っ子の和人は、東海大にいる時には、場所柄NECの近くに住んでいたこともあり、時々会うこともあった。でも、卒業して豊田合成に入団してからは、めっきり会うチャンスがなくなった。ある日、久しぶりに電話がかかってくると
「今日、オレの誕生日なんだけどー」

なんて、言う。

「あれ、そうだっけ？　で、何が欲しいの？」

なんて、会話。そのくせ、私の誕生日には、何にも音沙汰《おとさた》なしなんだから！

同じVリーグという土俵にいるから、かえってバレーの話はしないという感じなのかも。

本当に家族は、大事。人生でもっとも尊敬するのは、と聞かれたら、それは本当にバレーでお世話になった人、仲間、全員なんだけど、それでも、やっぱり両親、家族。でも、お世話になったすべての人に感謝したい。だって、そういう大事な人たちがいなければ、今の自分は絶対にないのだから。

バレーボールを愛する人へ

バレーボールをやっている、もしくはやってみたいと思っている、すべての人へ。

子どもでも大人でも、大きい人もいれば小さい人もいる。バレーボールを始めようとする時、どこかで「大きいから」「小さいから」という言葉が聞こえてくることがあると思う。でも、そんな言葉には耳を貸さなくていい。私は、身長はいっさい関係ないと思っている。

自分は何ができるか。何をしたいのか。何が得意で何が足りないのか。そんなことを考えていけば、きっと自分が本当にやりたいことができるようになっていく。できないことを数えるのではなくて、自分にできること、楽しいことをたくさん増やしていくと、気がついたら、成長しているはずだ。

とくに小学生の頃は、いろんなことを吸収できる時期。今日はアンダーパスが上手にできた。明日はサーブを練習してみよう。スパイクのミートがちゃんと当たった。誰それちゃんのスパイクをレシーブできちゃった。そういう小さな喜びを、どんどん、どんどん重ねていけたら、バレーボールがもっともっと楽しくなる。ひとつ何かができたら、思いっきり喜んでほしい。その喜びをいっぱい積み重ねていったら、いつか、Vリーガーになっているかもしれない。

小学生の時、本当にバレーボールが大好きだった。バレーボールに夢中で、何かができるようになるたびに楽しいって、心の底から思っていた。そういう私が言うのだから、間違いありません。

第6章

北京オリンピックの頂点へ

竹下佳江　特別なセッター

北京オリンピックへの道が、目の前に続いてる。世界の頂点への道を一緒に歩んでいく仲間、私にとって大切な人たちについて、語りたいと思う。

テンさん（竹下佳江）のことは、本当にすごいと思ってる。天才。

正直、あの身長（159㎝）だから、並の努力では絶対に生き残ってはこられなかったはず。しかも、全日本で世界と戦うということは、バレーのプレーヤーとしての努力だけではなくて、周囲が向ける「小さいのに」という視線とも戦わなくてはいけない。いったい、どれほど大変なことを乗り越えてきたのかと想像すると、気が遠くなる。「すごい」という言葉を使うことさえ、ためらわれるくらい。

テンさんと改めてバレー人生を振り返るような話はしない。技術的なことだったり、チームについてとことん話すことはある。そこではふたりでしか、わかりあえないことがある。でも、個人的な話はしない。

テンさんのトスについては、それはもう本当に才能だと思うけれど、でも実はものすごく練習する人でもある。自分に妥協《だきょう》がない。それが、何よりいちばんなのかなって思う。私が知っているのは、私も一緒に練習に参加している時間でしかない。だけど、その時間の中で見ているだけでも、テンさんは質、密度の高い練習をしている。

基本的にセッターというのは、攻撃を組み立てる中枢《ちゅうすう》。どれだけ優れたスパイカーがいても、それを生かすのはセッター次第。スパイカーはトスが上がらなければ、プレーの中でボールを触らないこともあるけれど、セッターは基本的に絶対にボールの行方《ゆくえ》を左右する人。頭のよさ、判断力、瞬発力が必要不可欠だ。

この局面でこのポイントにトスがほしいというところで、テンさんのボールが上がってくる。すると、自分は頼られていることがわかる。それだけに、絶対に決めなくちゃいけない、ミスしちゃいけないと思う。そういう大事な局面というのが、試合の中で必ずある。それがテンさんと私は、言わなくてもお互いにわかる。だから、そういう大事な局面で上がってくるトスを決められなかったら、その試合で勝っても、ものすごく落ち込む。

テンさんとは、アイコンタクトがなくても大丈夫。試合中、目を見なくても、次に絶対に上がってくる、あるいは、私が呼んでるというのが、テンさんに伝わる。むしろ、お互いにアサッテの方向を見ていて、相手チームに悟られないようにして、いっきに攻め込んだりする。

たまに、すごく点差があって、ここでは上がってこないよなって思っている時に、ふいにテンさんのトスが上がってきたりしてあわてることもあるけど（笑）。格下のチームと試合をしていて、ちょっと油断しているような時、テンさんがトスでボーッとしてる私のことをしめにかかってくる。あ、やられたな、みたいな感じ。

イタリアでプレーしている時でも、「テンさんというセッターは特別」という気持ちはまったく揺るがなかった。単純に速いトスが上げられる、そういうテクニックをもっていればいいわけではない。ゲーム中の組み立ての中で、私をどう使ってくれるのか。トスのタイミング、位置、スピード。

テンさんではないセッターが上げている時には、自分で考えることが多い。それはセッターの技量不足ということではない。そうではなくて、自分が上がってくるボールに対してどう打つべきか、どうカバーするかをしっかり考えながらプレーするってこと。全日本以外のチームはすべてそう。でも、これはこれで、私にとってすごく実りの多いことでもある。そうやって選手としての幅が広がっていくわけだから。

ただ、少なくとも、私に対して上がってくるトスで言えば、テンさんのボールは完ぺき。ほかのセッターにはない安心感、絶対的な信頼感がある。お互いにここは決めるぞ、という意思の疎通《そつう》がある。「シン、ここは決めるのよ」という、メッセージのあるボールが上がってくる。

もちろん、テンさんだって人間だから、100%というわけではない。だから、私は、自分で自分の感覚を研ぎすませておかなくてはいけない。それは練習でも真剣勝負の試合でも、常に培っていかなくちゃいけない。そうでなければ、テンさんの微妙なズレや狂いを感知できない。わずかなトスの長さの違いやスピードに対して、自分がそれを受け止めて打たなければ、ミスしたりブロックされたりする。でもそれは、頭の中で考えてできるものではない。感覚を磨いて、瞬時に野性的なカンを働かせて動かなくちゃできない。そうでなければ、テンさんのトスを打つ資格はないんだと思う。

テンさんはスペシャル。あの人がいなければ、私は今、ここにはいない。テンさんに生かされてる。

杉山祥子　崩れない信頼

私にとって、センターの存在はすごく重要。日本のようにコンビネーションを武器にして常に駆け引きをしているチームにとって、なくてはならない存在だ。スピードという点では、スギちゃん(杉山祥子)は間違いなく日本一。スギちゃんがいるからこそ、サイドの私が生きてくる。

初めてNECに入ってきたばかりのスギちゃんを見た時、こーんなに細くて非力そうで、大丈夫なのかなって思った(笑)。でも、スギちゃんこそ、自分が納得するまで、とことん練習するタイプ。ひたすら練習して、テクニックやセッターとの呼吸をつめていく。疑問に思っていることをそのままにはしない。最後まであきらめずに練習していく追求型。見かけによらず、頑固な感じなのかもしれない。

コートの中でも、けっこう言いたいことを言い合える選手。最初はひとつ年下ということもあって、遠慮していたかもしれないけれど、今は全然そんなことはない。テンさんとスギちゃんとは、一緒に全日本でもシドニーオリンピック最終予選の苦しい時代を通り抜けてきたことがあるからかもしれない。それが、3人の連帯意識につながっている。この三角形は、ちょっとやそっとのことでは崩れない。

2007年に結婚して、素敵な旦那様のサポートを受けられるようになったことで、精神的にさらにパワーアップしたような気がする。結婚する前から話を聞いていて、

「絶対にその人と幸せになったほうがいいよ」

と言ってた。そうしたら、本当に結婚しちゃった。先輩の私を差し置いて（笑）。なんか、まるで親というか、いとこみたいな気分。単なる友人の結婚というのとは違う。幸せになって本当によかった。スギちゃんになんかあったら、私が許さないぞ、みたいな！　精神的に充実しているからこそ、スギちゃんの可能性はますます大きくなってきてる。これからも、頼りにしてます。

栗原恵　たくましきエース

デビューしたのが、2003年のワールドカップの時。「メグ・カナ」って、日本中が熱狂してた。でも、それって、彼女の中ではすごいプレッシャーになっていたんじゃないかと思う。そういう中で、がんばって本当によくやってきたなって。

もっともデビュー当時は、まだまだ高校卒業したての頃で「思いっきりやる！」って感じだった。実際、無我夢中で思いっきりプレーしてたし。それで、一緒にアテネオリンピックまで出場した。

その後、私がイタリアへ行っていた間、コウ（栗原恵）は深刻な足のケガでプレーができない時期がけっこう長く続いたりしたから、本当に私が彼女のプレーを見たのは07年夏のワールドグランプリで、2年ぶりだった。きっと、すごくいろんな葛藤《かっとう》があったと思う。久しぶりに見たコウのプレーは、経験を積んだ重みがあった。

アテネオリンピックの時から、コウにとってトモさん（吉原知子）はすごく尊敬する大先輩だったと聞いてる。そのトモさんとパイオニアレッドウィングスで一緒にプレーできたことは、大きな経験になっているんじゃないかな。あと、元サッカー日本代表の中田英寿さんのことを、すごく尊敬しているらしい。プレーだけじゃなくて、生き方までも含めて自分のお手本にしているというような話を聞いたことがある。そういう存在を自分の中にしっかりもっているのが、コウのいいところ。自分の中だけで考えるんじゃなくて、外側にあるいろんないいものをしっかり吸収して、それを試行錯誤しながら取り入れていく。そういうのが、久しぶりの全日本で感じられた。

もちろん、ほかの選手も4年前から比べたら成長している。だけど、2年間のブランクがあったせいかもしれないけれど、コウは目に見えて落ち着いて、たくましくなった。エースとしての存在感が、備わってきたなって思う。

大山加奈　この山を乗り越えて

コウとともに、カナブン（大山加奈）もデビュー当時「メグ・カナ」ってもてはやされていたことに対して、すごいプレッシャーがあったんだと思う。自分の実力と人気のギャップに苦しんで、自分でマイナスのスパイラルにはまってしまうこともあったんじゃないかな。若いし、不安でいっぱいなことも多かったと思う。

コウやカナブンみたいな、スター選手であるがゆえのプレッシャーって、私にはない。私が受けるプレッシャーは、彼女たちのそれとはまったく違う。私の場合は、「こんな小さい選手は使わないだろう。使ったら許さないぞ」というようなもので、カナブンは周囲に大きな期待をかけられているプレッシャー。そういう中で、やっぱり深刻な故障を抱えていて、やりたくてもやりきれない部分もあったのだろう。

カナブンにとっては、アテネオリンピックに出場したことで、自分の目標を達成して次の目標が見えなくなってしまったという、心の問題が大きいんだと思う。それは、選手としては、理解できるような気がする。

2007年秋、ワールドカップ直前に故障を抱えながらも全日本に合流した。まだまだ治療やリハビリもあるから、練習メニューが別だったりもするけれど、前向きに自分と向き合っているのがわかる。まだまだ体調も精神面も、本調子ではない。いっぱい落ち込んで、ある意味、まだまだ苦しい時期の真っ最中なのかもしれない。でも、そういう時には、悩むだけ悩んで、苦しむだけ苦しんで、そうすれば最後に絶対にカナブンにとっていちばんいい答えが出てくると思う。それをつかまえてほしい。これを乗り越えた時、本当に強い自分に巡り合えるから。

荒木絵里香　なくてはならない強さ

コウ、カナブンと同年代ながら、あのふたりが鮮やかなデビューを果たした時には、その中には入っていなかった。むしろ、後輩のサオリン（木村沙織）のほうが、先に全日本で活躍した。それでも、たびたび全日本に招集されていたのだから、すごい強い意思をもち続けたのだと思う。センターとしてのスピードやパワーをどう生かしていくか。どうやって高めていくか。そういうことを考え抜いてここまで来てる。だから、エリカ（荒木絵里香）はすごくしっかりした根っこをもっている気がする。

エリカの肥やしになっているものは、きっと彼女自身にしかわからない。でも、明らかにそれをひとつずつクリアして、上に上に枝葉を伸ばしている。それって、絶対に揺るがないもの。今では、エリカは全日本になくてはならない存在になった。

しかも、これまで苦しい時に、自分で自分を高める方法を見つけてきたから、これからも何が今足りないのか、何をすべきかをちゃんと自分の中で分析できている。生きる、生き抜いていく基本をもっている。それは、彼女の武器なんだと思う。

木村沙織　カラダが自然と動く天才

彼女を見てるだけで、思わず「フフフ」って、笑いたくなっちゃう。そういう子だよね。スパイクが決まっても、キョトンとして「あれ、なんで、今の決まったの？」みたいな顔をしている。

私は確信してるんだけど、そんなふうなサオリンだけど、彼女自身は、自分のプレーをちゃんとわかってる。わからなかったら、絶対にできない。ただし、あの子も私と同じで、頭で考えてプレーするのではなくて、カラダが動くタイプ。プレーヤーとしては、似てるって思う。

ブロックアウトをとった時も、うわ、今の何、すごいって思うようなプレーがある。

「今のブロックが見えてたの？」

と聞くと、

「見えてました」

と言う時もあるし、

「えー、わかりません」

と言うこともある。

レフトからのストレートなんかも、すごくシャープにピンポイントで決まるようなことが多い。そんな時、見とれてしまうことがよくある。

スギちゃんが追求型なら、サオリンはやっぱり天才肌。でも、サオリンもすっごい練習するんですよ。その上で成り立つ、天才。

サオリンも私と一緒で、サーブレシーブという重要な役割がある。外国のチームからも徹底的に狙われる存在でもある。時には「どうしよう、どうしよう」って、焦ってる時もあるから、そんな時には、

「あんまり考え込まないほうがいいよ。大丈夫、狙われるのは、それだけ怖い存在だってこと。名誉なことだよ」

って、伝えてる。

あの子は、緊張しないって言う。緊張することって、どういうことかわからないって。先輩や監督から「集中しろ！」とか、言われがち。よくふたりで、

「意識して集中するって、どういうことだろうね」

と言い合ってる。気づいたら集中していたということはあるけど、意識して集中するということがわからない。毎回、気づいたらすごく集中してたというふうになればいいけど、やっぱり集中しきれない時もある。試合中にサオリンを見てて、おお、今すごい集中してるなと思う時も、なんか切れてるなと思う時もある。そんなところも、すごく似ているかもしれない。

でも、私は、サオリンみたいに「天然」じゃないって、思ってるけどね(笑)。性格は違う。ただ、プレーが似てるだけ。

サオリンやエリカ、カナブンたちを見てると、「こいつら、若い！」って思う。高校生のまんま、みたいな感じ。イタリアでは、あの子たちと同じような年代の選手たちともプレーするけど、彼女たちはすごく大人。プロということもあるけどね。それに比べると、あの子たちは、ホワンとして世間知らずのお嬢様みたいなイメージ。おいおい、大丈夫かって思う時もある。でも、そういうのも、チームの中の緩衝材《かんしょうざい》なのかもしれないな。

佐野優子　共有できる仲間

リョウ（佐野優子）は、２００３年のワールドカップの時にはすごくおとなしくて、当時、チームの中で私とトモさんとリョウとでサーブレシーブをしていたけれど、ひとり、あんまり言葉を発しなかった。それが、フランスのＲＣカンヌで2年間プレーしてきてから、びっくりするくらいいろんなことをしゃべるようになった。

リョウも、アテネオリンピックの世界最終予選直前で全日本を外されて、その後フランスに滞在して、この4年間、いろんな経験をしてきたんだと思う。悔しい思いをして、フランスでは私がイタリアに行って感じたり経験したように全部をひとりでやりながら、バレーに打ち込んできた。だから、自分のやるべきことをしっかりと理解しているし、自分が正しいと思うことは曲げないし、言葉で語る。

リョウが再び全日本に復帰してから、私は本当に守備について安心して信頼関係を築けるようになったと思う。

「ここから先はお願い！」

「こっちは任せて!!」

プレーでの確認、コミュニケーションがお互いにすごくいい。やっぱり、サーブレシーブを担当する仲間は、ある意味特別。だから、サオリンとリョウとは、キャッチ三角形ができてる。

遠征先のホテルで同室ということも多くて、けっこういろんな話をしてる。07年9月のアジア選手権の時にも、同じ部屋だった。イタリアとフランスという違いはあるけど、ともにひとりで2年間滞在した経験があるから、

「ヨーロッパだと、こうだよね」

なんて、話をすることが多いかな。それはプレーについても、生活についても。リョウとだけしか共有できないものでもあるわけだから。そういう話をすればするほど、どれだけ貴重な体験をしてきたか、それを自分のものにしているかがわかる。そして、それは明らかに技術面で発揮されている。

なにげに、あの子のいい加減なところがいい。ホテルの部屋で服を脱ぎっぱなしなところとか。私も同じペースだったりするから、一緒の部屋でもあんまり気を遣《つか》わなくてすむ。頼りになるし、楽しい。すごくいい仲間。

柳本晶一監督　ギリギリの勝負師

ショウちゃん(柳本晶一)は、本当に勝負師として尊敬できる存在。オリンピックが特別だということは、アテネの時以前から、それこそシドニー世界最終予選の時にも、全日本の中でさんざん言われていた。郁久さん(成田郁久美)は、アトランタオリンピックには出場経験があったわけだし。でも、葛和信元さんは、選手としても監督としても出場経験がなかった。だから、すごいぞ、すごいぞという話をしているんだけど、どこか遠い感じがあったのかもしれない。

それが、柳本ジャパンになって、最初にオリンピック経験のあるトモさんが選手として呼ばれて、主将になった。その後、テンさんや私など、周囲が猛反対していた選手を集めて、オリンピックに向かう軸を作っていった。周囲の思惑とか先入観にとらわれずに自分の信念を貫き通して、それで本当にオリンピックへの道を築いたわけだ。

ショウちゃんは、かつて選手として1976年のモントリオールオリンピックに出場して、開会式の時のことや実際の試合のことを、機会があるごとに私たち選手に語ってくれた。それは、生きた言葉として、私たちがオリンピックを目指す指標になっていった。

ショウちゃんは、お酒を飲んでいるイメージがあるし、実際に楽しそうに飲んでる（笑）。だけど、いつもどこかで選手のことを考えてる。ケガの状態や体調のよしあし、誰が今、どんな状況なのかを常に把握してる。気にかけている。無理をさせることはできない。でも、この時点であれば、やらせてみてもいいのではないか。そんなギリギリのラインのところで、ＧＯサインを出すタイミングを見計らっている。監督として、頑固というか、筋が通ってる。

葛和さんも吉川正博さんも、みんなそうだけど、監督というのは、すごく特殊な仕事。普通の人では絶対にできない。みんな、すごく変わってる。もっとも私のことも、監督の立場からすれば、すごく変わってるヤツだって思われているんでしょうけど（笑）。それで、ショウちゃんともうまくやっていけるのかもしれない。普通の人だったらツマラナイ！

ショウちゃんのやり方ではあるけれど、全日本では最終的に誰がコートに立つかということは、直前になるまでわからない。だから、練習の時には、全員がある意味ライバルだ。いつもはバカを言い合って遊んでいても、コートの中（練習）では、仲良しこよしではいられない。だけど、本番の試合でコートに立った時には、練習ではライバルだった人たちは、今度は相手チームをライバルとしてひとつに完全にまとまらなくてはいけない存在になる。練習と、練習以外。そして、試合。そこでのチームのあり方というのが、最後の勝負にかかってくる。

今の全日本は、個人の能力はそれぞれすごく高い。それを、どう生かしていくのか。ショウちゃんの采配や手腕もあるけれど、結局、それは私たち選手がどれだけ自分たちの意識を高くもっていけるかにかかってくると思う。

金メダルに向かって

今は、まだ北京オリンピックに行けると決まったわけじゃない。三度目の挑戦になる世界最終予選(2008年5月)で絶対に出場権を獲得しなくては、話にならない。でも、オリンピックに出場することを目標にしていたら、アテネオリンピックの時と同じ。そこで止まってしまう。

だから、「出たい」とは言わない。「出る」のは当たり前。その先の金メダル獲得を、本当の目標に設定しておかないとダメ。アテネは、結果として「出たい」から「出た」で終わってしまった。オリンピックという得体の知れない、大きな魔物《まもの》に飲みこまれてしまったから……。

柳本ジャパンが発足して、トモさんが主将になってすぐ、

「ワールドカップで優勝するよ!」

とみんなに言った時、選手たちは誰もが、なんか、しらじらしいようなウソっぽい空気を感じてた。そんなのあり得ないって。

でも今は、トモさんが口に出したことを、はっきりと理解できる。

優勝することを目標にして、そこを目指す人にしか絶対に優勝は手に入らない。3位でいいと思っていたら、3位以上になることはない。

幼い時からバレーをやってきて、優勝というのは最後のひとつでしかないことを、いやでも感じてきた。2位でもビリでも、負けは負け。そう、お父さんにも言われ続けてきた。1位とそれ以外。1回戦で負けても、決勝で負けても、負けは負け。だから、私の中では世界のトップしかない。トップしか目指しちゃいけない。

個人的には、最高のパフォーマンスを試合で実現させたいと思ってる。具体的には06年世界バレーのオランダ戦で感じたような、集中力の「極《きわ》み」みたいなプレー。しかも、それが偶然ではなく、いつでも自分の意思で発揮できるのが理想。

夢みたいな話だけど、サーブレシーブも100%、スパイクも100%、サーブも100%。本当にそういうプレーがしたい。絶対にあり得ないって思いつつも、常にそこに近づきたいと思ってる。そう思っていなければ、そこに近づくことさえできないから……。

長いバレー人生、もっとも印象に残る試合はどれか、というような質問をよく受ける。どれも印象的だけど、でも「これだけは絶対」というような試合はなかった。強いて言うなら、北京オリンピックで金メダルを獲ったら、それが、生涯もっとも印象に残る試合になるはず。

バレーを始めて23年。私のバレー人生のすべてを、まずは5月の最終予選、そして最後は北京オリンピックで出しきる。もうやめてもいいと思えるくらい、満足できる大会にする。そう、やると決めた。

だから、前進するのみ。行くぞ、シン！　心を強く!!

エピローグ

笑顔になれますように

最後まで読んでくれて、ありがとう。私はこの29年間、いろんな経験をし、さまざまな人と出会いました。そのすべてが、今の自分になっています。私が歩んできたバレーボール人生を一冊の本にでき、うれしい想いでいっぱいです。

2008年5月、北京オリンピック世界最終予選が始まります。この大会が生やさしいものでないことを、シドニー、アテネのふたつのオリンピック最終予選を経験した私は知っています。忘れられないのはシドニー最終予選……。今は初心に戻って、自分を追い込んでやるだけ。覚悟をもって日々、過ごしていきたいと思っています。

この本を書きながら、自分は、たくさんの大切な人に支えられながら、今こうしてバレーができることを再認識しました。そんな人たちへメッセージを贈ります。

ＮＥＣレッドロケッツ、全日本チームの選手、スタッフ、関係者の方々、今、この時、ともにバレーができることを感謝しています。

お父さん、お母さん、私を生んでくれてありがとう。お父さんとお母さんの子どもに生まれて幸せです。そして、お兄ちゃん、直人、和人、本当に兄弟でよかった。ワンコたち、いつも癒してくれてありがとう。

どこでも、どんな時でも支えてくれ、笑顔にさせてくれる友人たち。感謝です！

応援してくれるファンのみなさん、自分らしいプレーができない時や落ち込んでいる時でも、私を信じて応援してくれてありがとう。

この本に携わってくれたすべての方。こんなにすばらしい本ができて幸せです。ご迷惑をおかけしましたが、『シン！』を形にしてくれてありがとう。

最後に、すべての人へ。これからも笑顔でがんばります。まだまだシンをよろしくお願いします！　みなさんが笑顔になれますように……ニコッ☺

高橋みゆき

Miyuki Takahashi
たかはしみゆき
1978年（昭和53年）12月25日、千葉県生まれ、山形県山形市出身。
小学生の時、スポーツ少年団の監督をしていた父親の影響でバレーボールを始める。山形市立山形商業高校を卒業後、97年NECレッドロケッツに入団。Vリーグ1999-2000シーズンに、新人賞を獲得。2000年、全日本代表に初招集されるが、シドニーオリンピック出場権を逃すという苦渋を経験。その後、02年のドイツ世界選手権では主将を任される。02-03Vリーグでは、最高殊勲選手賞を受賞。04年アテネオリンピックに出場し、5位に。05-06、06-07と2シーズン続けて、イタリア・セリエAのヴィツェンツァでプレーする。07年9月にNECに復帰し、直後に行なわれた第14回バレーボールアジア選手権ではMVPを獲得し、日本の全勝優勝に大きく貢献。ニックネームの「シン」とは、心技体の心（SHIN）を表すもので、「心を強く」という意味をこめてチームメイトが命名。ユニフォームの背番号の上にも「SHIN」と刻まれている。
ポジション／ウィングスパイカー
血液型／O型
身長／170cm
最高到達点／295cm

DIRECTION:Eri MIYAZAKI
BOOK DESIGN:Eiichi SAKAI
PHOTO:Kenji KINOSHITA,PHOTO KISHIMOTO
RYU MAKINO,Eiichi SAKAI,Eri MIYAZAKI
EDITOR:Masahiko ABE,Tetsuya KAMINO

シン！
SHIN

2008年4月8日　初版第1刷発行

著者　高橋《たかはし》みゆき
発行者　増田義和
発行所　実業之日本社
〒104-8233
東京都中央区銀座1-3-9
電話 03-3535-3361（編集）
03-3535-4441（販売）
実業之日本社ホームページ http://www.j-n.co.jp
印刷所　大日本印刷（株）
製本　（株）ブックアート

ISBN978-4-408-45152-7（趣味実用）
JVA承認2008-03-001